国家自然科学基金"资本误置对中国工业企业技术创新的
研究"（71563029）

经济管理学术文库·经济类

要素误置与中国经济发展：
理论基础与实证研究

Factor Misallocate and China Economic Development:
Theoretical Basis and Empirical Study

赖永剑／著

经济管理出版社
ECONOMY & MANAGEMENT PUBLISHING HOUSE

图书在版编目（CIP）数据

要素误置与中国经济发展：理论基础与实证研究/赖永剑著 . —北京：经济管理出版社，2020.6

ISBN 978 - 7 - 5096 - 7196 - 2

Ⅰ. ①要…　Ⅱ. ①赖…　Ⅲ. ①全要素生产率—经济增长—研究—中国②中国经济—经济发展—研究　Ⅳ. ①F249. 22②F124

中国版本图书馆 CIP 数据核字（2020）第 098907 号

组稿编辑：曹　靖
责任编辑：曹　靖　郭　飞
责任印制：黄章平
责任校对：张晓燕

出版发行：经济管理出版社
　　　　　（北京市海淀区北蜂窝 8 号中雅大厦 A 座 11 层　100038）
网　　址：www. E - mp. com. cn
电　　话：（010）51915602
印　　刷：三河市延风印装有限公司
经　　销：新华书店
开　　本：720mm × 1000mm/16
印　　张：11
字　　数：181 千字
版　　次：2020 年 6 月第 1 版　　2020 年 6 月第 1 次印刷
书　　号：ISBN 978 - 7 - 5096 - 7196 - 2
定　　价：78. 00 元

前　言

　　经济发展是经济学研究的重要命题，什么因素会影响经济发展？这是一个开放的问题，答案千差万别，大量的经济学家从不同的角度回答了这一问题。尤其是对于当前已经进入了经济新常态的中国而言，探析阻碍经济发展的影响因素，具有突出的重要意义。

　　本书的研究根植于一个基本的经济学概念——生产率，其一般用全要素生产率（TFP）来代理，这一概念主要用来衡量给定投入的利用效率状况，个体全要素生产率越高，其在给定投入的情况下，产出也就越高。很明显，经济体的加总全要素生产率是个体全要素生产率的加权平均，加总全要素生产率的增长主要受到两方面因素的影响。一方面，考虑到每个个体所使用的生产要素（如资本和劳动力）的数量，如果采用了新技术和更好的管理手段等，当单个个体的全要素生产率增长时，加总全要素生产率也将随之增长。另一方面，在出现生产要素市场摩擦的情况下，加总全要素生产率取决于这些要素如何在个体间分配。特别地，只要市场不完善，阻碍了要素从生产率较低的个体（要素回报较低）流向生产率较高的个体（要素回报较高），就会导致与无摩擦要素市场的理想情况相比，加总全要素生产率较低。这种将要素资源向低生产率个体配置的扭曲现象，即为本书所称的要素误置。

　　要素配置的研究一直作为经济学的热点而被许多专家学者所关注，尤其在近十年，对要素配置的研究已经成为大量经济学研究者重点关注的命题。要素配置在不少经济学家的研究中已经成为解释不同国家收入差距的最为重要的原因之一。在实践中也发现，一旦市场中存在阻碍要素配置的障碍，就会降低市场效率，不利于社会的发展。中共十八届三中全会《中共中央关于全面深化改革若干重大问题的决定》指出，建设统一开放、竞争有序的市场体系，是使市场在资源配置中起决定性作用的基础。必须加快形成企业自主经营、公平竞争，消费者自由选择、自主消费，商品和要素自由流动、平等交换的现代市场体系，着力清除市场壁垒，提高资源配置效率和公平性。这说明，中国政府已经意识到资源配置对中国经济发展的重要性，然而，由于中国目前存在不少限制资源达到最优化配置的不利因素，因此，发挥市场在资源配置中的决定性作用非常关键。

本书的逻辑思路是从理论研究到实证检验，理论研究主要运用文献研究方法；实证检验是运用多种统计方法和计量方法相结合进行的综合检验。实证检验共分8章，主要结构为：首先研究要素误置（或者是资本误置）对创造性破坏、创新绩效的负面影响，主要内容见第3、第4章；其次研究要素重置的作用，内容见第5章；最后检验FDI溢出、进出口贸易、外资银行进入、银行业竞争、制度质量等因素对要素误置的改善作用，内容见第6、第7、第8、第9、第10章。

本书的研究将有力地从动态上拓展要素误置的理论及实证研究，为要素误置对加总TFP产生影响的原因提供更深层次的解释。这对于拓展已有文献的研究结论，充实要素配置理论及完善经济发展理论的研究内容均具有重要的理论价值。可以为在中国情境下促进经济发展的制度设计提供理论基础，并且为政府进一步进行资本要素市场改革提供理论依据和实证支持。

感谢为本书写作及出版提供帮助的同事、经济管理出版社的各位编辑和工作人员。尤其要感谢我的妻子贺祥民女士，是她全身心地支持我的科研工作，在工作之余，替我承担了大量的家务，让我能够静下心来搞科研；同时，她还积极参与了本书写作的辅助工作，帮助我完成正文部分的格式完善、参考文献的格式校正等工作。因此，本书的完成与她的工作是密不可分的。

由于笔者水平有限，时间仓促，所以书中错误和不足之处在所难免，恳请广大读者批评指正。

赖永剑

2019 年 10 月

目　录

第1章 绪 论

1.1 要素误置研究的发展脉络

为什么不同国家的生活水平差异如此之大？这是经济学中一个长期存在的问题。发展经济学文献中的一个共识是：生产率方面的差异是导致不同国家经济水平差异的重要原因。即使在调整了资本、劳动力等生产要素的数量和质量上的差异之后，相对落后国家与发达国家相比，相对落后国家的人均产出依然少得多。这种差异在很大程度上导致了各国人均收入的差异。

但是什么导致了不同国家的生产率差异？技术进步差异是许多发展经济学家给出的重要解释。本书从要素配置不当的角度出发，给我们提供了一个独特但有效的解释：低收入国家并没有有效地配置其生产要素，并未使这些要素得到最有效的利用。

要素配置的研究一直作为经济学的热点而被许多专家学者所关注，尤其在近十年，经济增长理论中最为重要的研究之一就是对要素配置的研究（Jone，2011a）。要素配置在不少经济学家的研究中已经成为解释不同国家收入差距的重要原因之一，研究者们认为加总全要素生产率（TFP）不仅依赖于生产者个体的TFP，也依赖于投入是如何在个体之间进行配置的，如果在异质性的个体之间投入被误置（Misallocation），那么加总生产率将会被降低（Jone，2011b）。

Restuccia 和 Rogerson（2008）研究认为，系统持续的配置要素效率差异是国家之间收入差距的最为重要的决定因素之一。Jovanovic（2014）从劳动力误置的角度分析了教育对于经济增长的重要作用。Adamopoulos 和 Restuccia（2014）立足于农业部门，分析了农场之间的资源误置状况，他们认为这是发展中国家农场生产率低下的主要原因。Buera 和 Shin（2013）研究了 7 个所谓的经济"奇迹"，认为大规模的改革使得这些经济体的市场扭曲减少，并且产生的要素重置使得这些经济体经济增长加速。Asker，Collard - Wexler 和 De Loecker（2014）采用动态投资模型对 40 余个国家分析发现，生产率更具波动性的产业或者经济体，其资本误置情况更为严重。

随着研究的深入，要素误置的研究逐步深入到了企业微观层面，一些企业层面的特质性扭曲被认为是加总产出或者全要素生产率损失的重要原因。使用中国和印度的微观企业数据，Hsieh 和 Klenow（2009）估计分析了由于要素误置导致了中国与印度的 TFP 损失。Bartelsman，Haltiwanger 和 Scarpetta（2013）通过比较美国与 7 个欧洲国家企业层面的要素配置效率，研究指出要素扭曲影响了国家、地区的 TFP，并认为某些国家如果改善要素配置效率，其 TFP 将能上升 15%。

尤其是在金融危机或经济危机时期，要素误置带来的对加总生产率的负面影响更为可怕，Ezra（2013），Wright，Mark，Sandleris 和 Guido（2014）分别研究了智利和阿根廷的金融危机期间要素误置对加总生产率的影响。鉴于发展中国家与发达国家间的资本市场完善程度存在巨大的差异，不少研究文献着眼于不完善的资本市场，研究了资本误置对经济发展的作用。Amaral 和 Quinti（2010），Greenwood，Sanchez 和 Wang（2010，2012），Buera，Kaboski 和 Shin（2011）均运用理论模型研究表明，大部分国家间 TFP 的差异可以归因于资本市场不完善而导致的要素误置。

Simon，Jae 和 Egon（2013）从具体的企业借贷成本出发研究了资本扭曲对要素误置的影响，他们认为发展中国家与发达国家 TFP 的巨大差异的一个主要原因就是资本市场的扭曲。Moll（2014）认为资本从低边际产品的企业重置往高边际产品的企业将提高国家的 GDP，不能重置则导致了资本误置，资本误置解释了国家之间生产率差异非常大的原因。Chen 和 Song（2013）认为资本误置将导致 TFP 的波动。然而，Midrigan 和 Xu（2014）的发现却与上述研究之间存在着一定的差异，他们以资本市场高度发达的韩国为基准，研究发现资本误置却只能解释哥伦比亚与韩国之间的制造业 TFP 差距的 5%，因此他们认为资本误置在解释经济差异上的力量是有限的。

Hsieh 和 Klenow（2014）考察了墨西哥、印度及美国大企业的生命循环，他们认为在经济比较落后的国家存在着一种针对于大企业特别的资源误配置即阻碍大企业投资的税收政策、资本市场摩擦力等因素，从而影响它们的生产率。同时，要素从无效率的企业重配置往效率较高的企业，加总生产率将提高。Foster，Haltiwanger 和 Krizan（2006）发现，在美国，零售业加总生产率的增长在很大程度上归因于低效率的企业退出市场所带来的更好的配置有限的资源。Acemoglu 等（2012）认为，要素的重配置带来的生产率增长占据了美国制造业加总生产率增长 30% ~ 50% 的份额，其中一半份额来自于在位企业之间的重配置过程。Collard - Wexler 和 De Loecker（2015）通过研究发现，引入新的生产技术产生的要素重置（从使用旧技术的企业重置往使用新技术的企业）导致了美国钢铁业的加总生产率大幅度提升。Chun，Kim 和 Lee（2015）发现 1971 ~ 2000 年投入要素重配置解释了美国约 30% 的生产率增长，其中信息技术在推动要素重配置中发挥了巨大作用。Ševčík（2017）提出，多工厂的企业由于可以较好地在工厂之间进行要素重新配置，多工厂企业更有利于降低要素错配，从而更能促进加总生产率提升。Argente，Lee 和 Moreira（2018）从产品的层面分析了重配置对生产率增长的作用，他们认为在萧条时期，产品的重配置可以解释生产率停滞的 20% 。

1.2 本书的研究意义

本书的理论意义在于：本书的研究将有力地从动态上拓展要素误置的理论及实证研究，为要素误置对加总 TFP 产生影响的原因提供更深层次的解释。这对于拓展已有文献的研究结论，充实要素配置理论及完善经济发展理论的研究内容均具有重要的理论价值。也可以为在中国情境下促进经济发展的制度设计提供理论基础，并且为政府进一步进行资本要素市场改革提供理论依据和实证支持。

本书的实践意义在于：有助于政府评估目前中国要素市场扭曲状况及其对企

业技术创新的影响；在当前深化改革开放、加快转变经济发展方式的攻坚时期，及时出台各项有针对性的政策措施，营造优良的企业创新环境，积极提高经济发展水平；落实创新驱动发展战略，促进国民经济全面协调可持续发展。

1.3　本书的结构

本书包括理论基础和实证研究两大部分：第 2 章要素误置对经济发展的影响：理论基础，该章为理论章节。剩下的章节为实证研究部分，包括：第 3 章要素误置对创造性破坏的影响分析；第 4 章资本误置与中国工业企业创新绩效；第 5 章企业间要素重置能否提升中国制造业的生产率；第 6 章 FDI 溢出是否促进了中国制造业要素重置——基于动态面板数据的实证分析；第 7 章进出口贸易与中国制造业要素重置——基于动态面板数据的实证分析；第 8 章外资银行进入是否有利于改善资本误置；第 9 章银行业竞争是否有利于降低资本误置——基于连续型倍差法的实证检验；第 10 章制度质量改善是否有利于削减地区 R&D 资源错置——基于空间动态面板数据模型。

第 2 章　要素误置对经济发展的影响：理论基础

在要素误置的研究中，出现了三个关键问题：第一，要素误置对于不同国家的总生产率差异有多重要？第二，要素误置的原因是什么？第三，超越同期较低的直接成本产出，是否有与要素误置相关的额外成本？

2.1　要素误置影响经济产出的基本思路

本书所关注的是相当具体的要素误置。经济学家经常从许多方面研究影响资源分配的扭曲现象，但我们特别感兴趣的是影响投入分配的扭曲现象是如何影响给定商品的生产者的。例如，在标准的新古典主义增长模式下，按比例征收收入税会扭曲家庭关于消费和劳动力供应的决定。因此，这可以描述为造成这些边界的错误配置。但这种要素误置，并不是那种我们经常强调的生产中使用的资本和劳动力的数量。相反，我们感兴趣的是异质生产者之间的资本和劳动力数量的分配是扭曲的。例如，当对同一种商品的不同生产者征税时，会产生不同的影响效应。

我们用一个例子阐述这一思想。总产出是由许多不同层次生产率的生产者生产而得。具体地说，假设有 N 个齐次商品的潜在生产者，生产者 i 有一个生产函数：

$$y_i = A_i \times f(h_i, \ k_i) \tag{2.1}$$

其中，y 为产出，h 为劳动力投入，k 为资本投入，f 为生产函数，A 为生产率。

同时，假设有一个固定成本的生产者，单位生产成本用 c 表示。给定加总的劳动力和资本的总量，分别用 H 和 K 表示，假设生产商选择操作与应该如何分配劳动力和资本的途径是唯一的，其目的是使固定经营成本下总产出最大化。

存在三种不同的渠道影响整体生产率水平，从而影响总产出。第一个渠道，我们称之为技术渠道，反映了生产者的生产率水平，即 A_i；如果所有的 A_i 都更大，总产出也会更大。第二个渠道，我们称之为选择渠道，反映了生产商应该选择如何经营。第三个渠道，我们称之为要素误置渠道，反映了资本和劳动力在生产者之间如何分配的选择。从概念上讲，选择效应是一个要素误置的特殊情况，但从实证的角度我们并没有观察到不经营的潜在生产者。我们讨论的一个重要主题是这三个渠道并不是独立的：任何政策或制度，只要扭曲了生产者的资源分配（造成要素误置）可能都会通过选择渠道和技术渠道产生额外的影响效应。

在例子中，产出最大化选择具有以下形式：一个阈值规则界定什么样的生产者可以进行生产（如果生产率水平满足 $A_i > \overline{A}$ 的生产者可以进行生产），并且根据生产条件，A_i 值越高的生产者分配的劳动力和资本越多。有效的分配将诱导生产者规模的有效分布。更具体地说，要素分配如果使所有生产者的劳动和资本边际产品相等的话，那么产出将趋于最大化。因此，考虑影响边际产品在生产者之间是否均等化是衡量要素误置可能来源的有用方法。

发展经济学、产业组织学、劳动经济学、金融学、国际经济学等领域的许多文章都考察了在特定背景下要素误置的具体来源，它们使我们深刻认识到要素误置的普遍性。

第一，要素误置能反映出法律规定，包括不一样的税法和法规。具体的例子包括税法中因企业特征而异的条款（如企业规模或年龄）、适用于狭义商品类别的关税、劳动市场法规（如就业保护措施）、限制企业规模的产品市场法规或限制市场准入和土地管理。甚至是统一适用的规定对一个行业内的所有企业来说，可能会造成行业内的不合理配置。例如，给定的就业保护措施会产生不同的影响，从而对于不同的企业产生积极或者消极的影响。

第二，要素误置可能反映了政府或其他实体（如银行）做出的有利于或惩罚特定企业的政策措施。这些条款措施可能通常被称为"裙带资本主义"。这些例子包括补贴、税收减免、发放给特定企业的低息贷款，以及对政府合同的不公平投标行为、优惠的市场准入、选择性地执行税收和法规等。

第三，要素误置可能反映出市场的不完善。例子包括垄断权力、市场摩擦和不完善的产权执行。比如，一个具有垄断权的企业，其生产效率可能低于有效水平，但可能其有较高的价格加成率。但同时，一个生产效率高，但抵押品少的企业却可能无法获得足够贷款，以支持其进一步的高效率生产。Bloom 等（2013）认为，在印度，高生产率公司的规模受到资本信贷支持的限制，而且可能因为执行不力的财产权利限制了其发展。另外，土地所有权的缺乏可能也会影响土地的配置。

2.2 要素误置的常用衡量方法

要素误置似乎无处不在。但是这在数量上重要吗？为了回答要素误置是否是造成各国全要素生产率差异的重要原因这一问题，就必须要准确衡量要素误置。文献主要采用了两种方法进行衡量，我们将其分为直接法和间接法。

直接法实质是集中注意要素误置的具体根源并评估其后果。一种信息来源的衡量方法是准自然实验，它揭示了要素误置的特定来源。虽然一些研究成功地遵循了这条原则，但作为一个实际问题，这种估计的适用范围似乎较为有限。因此，采用典型的直接法寻求要素误置的根源，主要是通过结构模型评估其定量效果。这种方法作为一种衡量各种税收扭曲程度的方法，在公共财政领域有着悠久的历史。但研究人员必须注意结构模型的细节对研究结果的重要影响。然而，我们强调估计的要素误置程度必然需要计算一个反事实——在生产者之间重新配置投入可以产生多少额外的产出。

但是直接法面临着另一个挑战，即实现它需要对要素误置的根本原因采取量化措施。如果法定条款是要素误置的关键根源，这或许不成问题。然而，如果最重要的要素误置来源反映了自由裁量权条款，那么衡量可能就变得非常困难。比如，即使管制是加总要素误置的一个重要来源，但由于个别行业管制的高度专门化和复杂化，仍然很难发展出一个适当的结构模型用于分析要素误置。

相反，间接法试图在不确定要素误置的潜在根源的情况下确定要素误置的程度。正如前面在我们的简单示例中所指出的，有效配置投入等于所有活跃生产者的边际产品。因此，直接研究边际产品的变化提供了一个机会来衡量要素误置的数量，而无须说明要素误置的根本原因。这种方法也需要一些结构要求，但与直接法不同，它不需要指定完整的模型。我们可以使用一个简单的例子来说明，比如一个地区的要素误置的衡量，必须给定横截面数据的产出，劳动力、资本以及指定生产函数 f，以便直接计算隐含的要素误置大小。计算中，首先要注意每个生产者的 y、k 和 h 的数据以及生产函数 f，其次我们可以推断出 A_i；给定一个生产函数 f 和 A_i，我们可以直接求解出生产者之间的投入分配最大化的产出的具体情况，最后将其与实际产出进行比较，可以评估要素误置的程度。

虽然间接法比直接法需要更少的条件、要求，但是它也面临着一个关键挑战，即在一般的框架中，有效的配置并不是说所有生产者在任何时间点上的边际产品都是相等的。如果投入是在实现特定生产者的冲击之前选择的，或者如果有调整成本，则此条件无须成立。另外，在企业层面的测量数据误差将使我们推断出生产者之间边际产品的差异在事实上是根本不存在的。

2.2.1　要素误置衡量间接法的重要性

Restuccia 和 Rogerson（2008）使用了与 Hopenhayn（1992）类似的产业均衡模型，该模型根据美国经济的特征进行了校准，以探究企业特定税收和补贴导致的要素误置将在多大程度上影响加总全要素生产率。这些针对企业的税收和补贴是假设的，然而这几个因素被选为可能导致要素误置的许多不同因素的代表。在一个被他们称为"相关扭曲"的场景中，高生产率的企业被系统地征税，而低生产率的企业则得到系统的补贴。他们发现，这将大大降低全要素生产率。这项研究传递的一个关键信息是，要想让要素误置产生巨大影响，就需要系统性地抑制高生产率生产者的投入。因此，在一些相对较小和生产率较低的企业中进行要素误置的分析，其在评估总体影响方面可能不是特别相关。

延续 Restuccia 和 Rogerson（2008）研究政策扭曲带来的要素误置的分析，

Hsieh 和 Klenow（2009）指出，在适当的微观数据和模型下，可以更好地估计要素误置的程度。他们的思路过程基本上遵循上一节描述的策略，即有效配置投入等于所有活跃生产者的边际产品。但在这样一个环境中，每家企业生产不同种类的有价值的商品由消费者按一定弹性替代加总产品。每一个生产者在决定其产出水平时都是以垄断竞争者的身份决策，但是这只存在于劳动力和资本市场竞争激烈时。隐含的需求结构这一点很重要，因为它使作者能够在只包括总收入（与实物产出相对应）的情况下推断出全要素生产率。

当 Hsieh 和 Klenow（2009）将他们的方法应用在中国、印度和美国的工业中的四位数制造业时，他们发现了要素误置对全要素生产率的巨大影响。特别地，如果消除了要素误置，则中国制造业的加总要素生产率将提高86%～110%，印度的这一比例为100%～128%，美国为30%～43%。这些结果表明，即使像美国这样的高收入经济体，消除了要素误置也能带来巨大的正面效应。这一发现解释了富国和穷国之间的生产率差异。然而，这些估计是针对制造业，而不是整体经济的。现有的证据表明，制造业生产率的跨国差异往往远远小于总生产率差异。Hsieh 和 Klenow（2009）估计全要素生产率在制造业之间的差异，美国分别是中国和印度的全要素生产率的130%和160%，是总水平全要素生产率的300%和600%。

在要素误置造成的生产率损失的假定下，一个部门内所有生产者之间的收入边际产品的分散都是政策扭曲或制度扭曲发挥作用的结果。然而，在某种程度上，一些差异不需要反映由于政策造成的要素误置，因此，Hsieh 和 Klenow（2009）的估计有可能夸大了要素误置的规模。

虽然 Hsieh 和 Klenow（2009）的方法在没有确定要素误置的来源的情况下测量了误置，但是他们的分析方法确实允许他们检查要素误置与可观测数据相关联的程度。例如，中国的国有企业与要素误置密切相关，因为国有企业的规模远远大于效率所要求的规模。另外，有一个重要的发现是，三个经济体的高生产率的生产厂商总体规模太小，但这种影响的规模在中国和印度比在美国更突出。Bento 和 Restuccia（2018）为更多的发展中国家证实了这一发现：生产率更高的工厂所面临的隐性税收与各国人均 GDP 密切相关。

间接法首先假定生产结构，然后使用数据，在一阶条件下估计楔子，该条件是有效配置的基本要求。这种方法将楔子解释为对有效配置的扭曲。下面将讨论我们认为具有潜在重要性的三个具体原因，事实上 Hsieh 和 Klenow（2009）承认并试图解决下面提到的每一个问题。

第一，涉及生产者之间生产功能的异质性。由于有足够的自由在生产者之间选择不同的生产函数，但投入和产出的数据将不允许人们推断边际产品的差异。Hsieh 和 Klenow（2009）的基准结果假设同一行业内的所有生产者使用相同的 Cobb - Douglas 生产函数。因此，在有效的配置中，所有生产者的资本与劳动比率都是相等的，这意味着资本与劳动比率的任何变化都将被解释为配置不当。另一种解释是，生产者使用不同的生产方法，因此 Cobb - Douglas 生产函数中的资本份额在生产者之间是异构的。在极端情况下，资本与劳动力比率的所有差异都反映了生产者生产功能的异质性，而不是配置不当。Hsieh 和 Klenow（2009）的研究表明，尽管如此，另一种解释意味着较少的要素误置，然而，剩余的要素误置仍然意味着巨大的生产率损失。这一结果暗示了这种扭曲对劳动力和资本的作用是对称的。

第二，调整成本。大量的文献表明，在单个生产者水平上来看，劳动力和资本存在巨大调整成本（Cooper and Haltiwanger，2006；Bloom，2009）。这就提出了这样一种可能性，即由于调整成本和暂时性的企业特定冲击可能提升了生产中资本和劳动力的边际产品在生产者之间的差异。考虑到这个问题，Hsieh 和 Klenow（2009）对他们的研究结果的首选解释是专注于不同经济体之间要素误置的差异，而不是要素误置水平本身。其理念是适当理解一定数量的"基础级别"要素误置，是由于调整成本或其他一些不规范政府规制的结果。要更好地理解这一问题，一个合理的起点是假定各个经济体的调整成本水平是相同的。通过这一假定，可以修正他们对中国和印度的要素误置水平的估计，即按照这一估计方法，中国和印度将要素误置减少到美国的水平，这两个国家制造业的全要素生产率将分别提高31%～51%和40%～59%。虽然比以前的值更小，但估计出来的要素误置仍然可能占到观察到的制造业全要素生产率差异的近一半。

在这种情况下，认为所有经济体都存在某种共同的可衡量的误置水平是合理的吗？Asker，Colld - Wexler 和 De Loecker（2014）认为这个问题的答案是否定的。他们研究表明，如果存在资本调整成本，再加上在较贫穷国家更具变数的短期企业层面的冲击，观察到的边际收入产品分散度差异可以与有效配置保持一致。虽然我们认为这项研究对间接方法具有重要的警示作用，但有两点是重要的。①特殊冲击在较贫穷国家更具变异性——如果冲击变异性越高，反映出政策环境的变异性就越大，那么，将较贫穷国家边际收入产品的较高分散度的情况下解释要素误置，似乎是合适的。②它强调了使用面板数据而不是横截面数据来检查要素误置的必要性。如果测出要素误置是由于调整成本产生的，那么它将产生特定的时间序列模式。更普遍地说，利用面板数据，研究人员可以对明确包括调整成本的规范采取间接方法进行测量。David 和 Venkateswaran（2017）正是利用中国的面板数据，假设资本调整成本是凸的，并进行了这类分析。尽管调整成本和特殊的政策扭曲都能在企业间产生资本边际产量的横向分散，但它们对投资的自相关性有相反的影响。他们利用面板数据集的动态矩阵，研究表明，边际收入产品的大部分横截面变化是由于政策扭曲造成的，而调整成本所占比例相对较小。这一结果对于考虑非凸调整成本具有较强的稳健性，因为在年度频率上，估计固定成本作用较小。因此，使用面板数据对这种类型进行更多的分析是未来研究的一个重点。

第三，中国和印度的边际产品更高的分散度，反映出这些国家相对于美国的测量误差较大。Hsieh 和 Klenow（2009）进行了一些计算来评估这种可能性，虽然不是决定性的，但并不支持这样的论断。Bils，Klenow 和 Ruane（2017）最近的研究更进一步，他们使用了 Hsieh 和 Klenow（2009）的印度和美国数据集的面板数据来估计每个国家的测量误差，并在考虑了测量误差后，推断出由于要素误置而导致的生产率差异的程度。他们主要有三个发现：①计量误差在边际收益产品中占了相当大的比重。②测量误差的贡献在美国随着时间的推移变得越来越重要，但在印度相对稳定。③考虑了测量误差后，用要素误置对生产率的负面贡献差异来分析印度和美国生产率的不同，这种方法非常类似于 Hsieh 和 Klenow（2009）的分析。

虽然在扩展间接法以解决所讨论限制性的方面正在取得新进展，但我们也认为开发其他方法是有必要的。例如，Bartlesman，Haltiwanger 和 Scarpetta（2013）专注于企业规模和生产率之间的协方差，以及企业特有的税收和补贴如何影响协方差。他们假定，即使在有效配置中，也存在边际产品的横截面差异，并校准了他们的模型，使美国收入生产率差异的横截面数据矩与就业和效率的估计结果是一致的。他们使用校准后的模型来评估 20 世纪 90 年代英国、法国、德国、荷兰、罗马尼亚、匈牙利和斯洛文尼亚 7 个经济体的制造业要素误置的程度。他们不是推断各国在数据集中所面临的实际扭曲，而是推断出与数据的矩相匹配的代表性扭曲。他们发现，相对于美国，要素误置对全要素生产率的影响范围从德国的 3% 到罗马尼亚的 12%。然而，他们对国家的选择是有限的，因为想要在不同国家收集一致的数据，得到关于各国广泛统一的结论是不可能的。但这一研究为比较给定国家的要素误置提供了较有效的方法借鉴。

2.2.2 关于不同国家和部门要素误置的进一步间接证据

Hsieh 和 Klenow（2009）分析发现，与美国相比，中国和印度制造业的要素误置产生了重要影响。许多研究已将这一发现推广到其他国家和其他部门。Busso，Madrigal 和 Pages（2013）对 10 个拉丁美洲国家的制造业进行了对比分析，得出的结论是，这些经济体与美国之间要素误置的差异是制造业全要素生产率差距的一个重要来源。Kalemli–Ozcan 和 Sørensen（2016）研究了 10 个非洲国家的私人制造企业间的资本要素误置。他们的样本还包括来自印度、爱尔兰、西班牙和韩国的企业，并把这些企业作为基准。他们发现，尽管这些国家的资本要素误置不像印度那样严重，但非洲的资本要素误置率明显高于发达国家。

上述结果均与制造业有关。Busso，Madrigal 和 Pages（2013）进行了包括对特定服务行业的分析，如零售业，并发现服务行业的要素误置比制造业要大得多。De Vries（2014）发现巴西零售业存在非常大的要素误置。Dias，Marques 和 Richmond（2016）研究了葡萄牙制造业和服务业的要素误置，发现服务业的要素误置要严重得多。这些研究存在一定的局限，它们没有对比基准进行分析，如以美国经济为基准进行对应分析。如果美国经济在服务业的要素误置程度也高于制造业，那么不了解服务业的错配差异可能真的会产生更严重的后果。此外，教育、医疗保健和银行业等多个相关服务行业的产出可能会因为要素误置受到更为严重的负面影响。

农业部门在比较世界上最富裕和最贫穷的经济体的要素误置方面具有特别重要的意义，因为这一部门是生产率差距最大的地方，贫困国家的大量劳动力分配给农业（Gollin et al.，2002，2008），造成了劳动力要素的错置。Caselli（2005）报告了按每名农业工人产量计算的国家差异，发现在农业行业最发达国家的工人产量是最不发达国家产量的 52 倍。

Adamopoulos 和 Restuccia（2014）分析了很多发展中国家农业部门的政策和相应的机构，他们认为这些机构及政策可能是造成要素误置的主要原因。他们还分析了在贫穷国家农场分布的显著差异，发现典型的农场经营用地规模仅为富裕国家经营用地规模的 2%～3%。他们建立了农业和非农业的分析模型，并考虑相关抽象问题，其可以表示与观察到的农场规模分布相匹配的要素扭曲。他们发现，农业规模扭曲造成的要素误置能解释富国和穷国之间农业中农场规模和生产率差异的大部分原因。此外，隐含的农场规模扭曲及价格扭曲和特定作物在国家内部变化及其与农场规模的关系是一致的。

Restuccia 和 Santaeulalia‑Llopis（2017）研究了马拉维家庭农场的要素误置。他们研究了关于产出和投入实际数量的数据，并且分析了短期冲击的影响，他们的方法能够比较好地衡量农业的全要素生产率水平。尽管衡量的全要素生产率在农场之间存在很大差异，但各农场的投入分配相对稳定，这表明其中存在大量的要素误置。事实上，他们发现，如果有效地分配投入，农业总产出将增加 3.6倍。研究分析还表明，影响土地配置的制度因素可能发挥了关键作用。具体来说，他们比较了受限制性土地市场影响不同的农民群体之间的要素误置。马拉维的大多数农民都有固定的土地，而其他农民则有进入市场的土地（大多数情况下是通过非正式租赁）。同样，利用这一变异来源，Restuccia 和 Santaeulalia‑Llopis（2017）发现，对于无法获得市场土地的农民群体来说，要素误置要严重得多，特别是潜在产出与拥有市场土地的农场相比，这一群体从削减要素误置中获得的收益要高出 2.6 倍。

其他研究也证明了农业中的要素误置。例如，Adamopoulos，Brandt，Leight 和 Restuccia（2017）研究了 1993～2002 年中国的案例，当时中国的土地市场受到"家庭联系承包责任制"的严重限制。土地所有权和分配决定权属于集体村寨，土地使用权统一分配给在集体村寨登记的农户。尽管中国对土地租赁没有明确的限制，但对再分配的恐惧导致了"要么使用，要么失去"的隐性规则。在这种情况下，农场经营规模基本上限于每个家庭的土地使用权，由此可见，土地分配与农业生产率无关。特别地，在这种情况下消除要素误置可使农业生产率提高 1.84 倍，其中 60% 的收益来自农村内各农场之间的要素重新分配。即使利用数据的面板维度来消除潜在的农业生产率的暂时变化，重新分配的收益仍然是可观的，占横截面生产率收益的 81% ~ 86%。

Chen，Restuccia 和 santaeullia – llopis（2017）研究了埃塞俄比亚的案例，该国目前的土地市场结构是长期分裂的土地关系和冲突的结果。土地所有权归国家所有，地方政府在家庭之间平等分配土地使用权，控制土壤质量和家庭规模。通过详细的微观家庭数据，他们发现农业部门土地和其他生产要素存在严重的要素误置。有效的重新分配投入可使农业总产出增加 2.4 倍，其中 75% 来自埃塞俄比亚各区域（县）内的重新分配。笔者还利用了 21 世纪初开始实施的土地认证项目的不同，导致租用土地范围的区域差异这一现实情况；他们发现尽管大多数租金仍然发生在家庭成员和亲戚之间，但土地租金较高的地区要素误置的情况明显较少；土地租金所占比例越高，再分配的效率就会越低。

2.2.3 要素误置的时间变化

到目前为止，要素误置分析所描述的结果集中在不同国家的某个时间点上。还有一个有趣的问题是，随着时间的推移，一个国家要素误置的变化是否会成为生产率变化的一个重要来源？这类似于将要素误置与增长核算联系起来。

文献指出，在三种情况下，要素误置的变化是生产率低频变动的一个重要组成部分。Chen 和 Irrazabal（2015）的研究表明，智利在 20 世纪 80 年代初的危机之后长达 10 年的增长期间，要素误置现象有所减少，这是这段时期生产率增长的一个重要组成部分。Fujii 和 Nozawa（2013）的研究表明，1990 年以后，日本制造业的资本要素误置现象更加明显，这一时期的特点是生产率增长缓慢。还有 Gopinath，Kalemli – Ozcan，Karabarbounis 和 Villegas – Sanchez（2015）发现，自 1999 年南欧国家加入欧元区以来，这些国家的资本要素误置增加，劳动力要素误置基本保持不变。1999 年，这些国家的生产率增长较慢。而且需要注意的是，全要素生产率随时间的变化往往比横截面上的差异小得多，因此，在观察到的时间序列变化的背景下，即使是很小的要素误置变化也可能发挥主导作用。

进一步研究主要集中在重大政策或监管变化发生期间的要素误置变化，人们有理由相信，这些变化对要素误置有重要影响。Hsieh 和 Klenow（2009）朝这个方向迈出了第一步。他们发现，1998～2005 年，中国的资产要素误置现象有所减少，这一发现与在此期间实施的各种改革有助于减少扭曲的重要性的观点相一致。尽管在其他领域进行了广泛的改革，但中国的土地市场制度基本保持不变，Adamopoulos 等（2017）发现，中国农业部门的错误配置在研究期间（1993～2002 年）大致保持不变。

Hsieh 和 Klenow（2009）发现，1987～1994 年，印度要素误置的情况有所恶化，考虑到印度实施的改革的性质，这一结果似乎令人费解。这一时期的一项重要改革是消除许可证制度，即是一种控制企业进入制造业的制度。Bollard，Klenow 和 Sharma（2013）进一步研究发现，尽管这段时期发现了大企业样本出现了生产率的快速增长，但是生产率增长很少是由于要素误置的变化带来的。当然，这一发现有多种解释，也许是许可证制度并不是大企业要素误置不当的一个重要原因，甚至不是整体要素误置的一个重要原因。另外，如前所述间接方法可能不会分离出真正的要素误置。

Bartleseman，Haltiwanger 和 Scarpetta（2013）先前描述的研究也包括时间序列成分。他们发现，20 世纪 90 年代，东欧转型经济体的要素误置现象有所减少。这一发现也与下述观点相一致，即市场改革力度的加大导致了更少的要素误置，但这种变化的程度有些温和，从而导致生产率提高了几个百分点。

有几篇论文评估了商业周期中资产要素误置的变化，这些文章通常聚焦于相当有戏剧性的事件，如危机或旷日持久的衰退。Oberfield（2013）研究了智利在 20 世纪 80 年代初危机期间的要素误置，而 Sandleris 和 Wright（2014）研究了阿根廷在 21 世纪初危机期间的要素误置，Ziebarth（2015）评估了美国大萧条期间的要素误置。

所有这些文献都发现，在这些事件中，要素误置急剧增加，并在加总全要素生产率衡量的下降中占了很大比例。然而，我们认为，在经济周期频率上的要素误置变化需要极其谨慎地对待。正如前面所强调的，这些措施可能受到调整成本的严重影响，从而可能导致要素冗余。对我们来说，在这些时期，要素误置是否会增加，仍然是一个在很大程度上悬而未决的问题。

2.2.4　国内关于要素误置方法的研究

对于要素配置方法的应用研究主要集中在：一是对要素误置的存在性及大小测度的研究。关于这个问题的研究大部分都是从宏观和中观层面进行，如赵自芳、史晋川（2006），杨帆、徐长生（2009），孙宁华、堵溢、洪永淼（2009），袁志刚、解栋栋（2011），罗德明、李晔、史晋川（2012），龚关、胡关亮（2013），姚毓春、袁礼、董直庆（2014），王林辉、袁礼（2014）等。近些年来，也出现了一些从微观层面进行研究的文献，如朱喜、史清华、盖庆恩（2011）使用农村固定跟踪观察的农户数据；简泽（2011a）利用 4 个代表性制造业的企业数据；鄢萍（2012）则运用大规模的工业企业数据进行研究。二是对要素重置的研究。国内研究要素重置的文章同样分成宏观和中观层面、微观层面两种。宏观和中观层面主要是使用地区或产业面板数据、DEA 方法（姚战琪，2009）和以 TFP 为主要测度指标的方法（赵春雨、朱承亮、安树伟，2011）等研究手段研究要素重置对经济发展的影响作用。微观层面主要基于 BHC（1992）和 OP（1996）的方法，如李玉红、王皓、郑玉歆（2008），聂辉华、贾瑞雪（2011），简泽（2011b），这两种方法虽然简单，但是经 Khon，Narita（2009）研究发现，BHC 方法得出的要素重置效应结果不尽理想，并且该方法并不能分析劳动力、资本和中间投入这些具体的生产要素在微观企业间的重置效应，也难以分析外界因素对要素重置效应的具体影响。于是，更为先进的 PL（Petrin and Levinsohn，2012）方法开始被使用，如赖永剑、伍海军（2013）利用 PL 方法研究了企业间要素重置对中国制造业生产率增长的影响。

2.3　要素误置产生的具体原因

许多采用间接法研究得出的普遍绪论是，要素误置是各国生产率差异的一个重要来源。但这种要素误置的根本原因是什么？为了回答这个问题，我们讨论了使用直接法来分离要素误置的效应。我们的目标是评估由几类扭曲造成的要素误置的总体重要性。在这方面，现有文献的研究还存在较大的缺陷。比如现有的文献已经确定了一些可以解释农业中要素误置的主要影响因素。但它还没有发现任何特定的因素，可以解释在制造业中发现的严重要素误置。目前，文献中认为要素误置产生的具体原因主要有如下几种：

2.3.1　规制

最早的研究规制导致的要素误置的文献是 Hopenhayn 和 Rogerson（1993），他们对解雇成本进行了深入的分析。解雇成本是由政策产生的调整成本，由此产生的边际产品变动反映了真正的要素误置。使用 Hopenhayn（1992）模型，他们发现解雇成本如果等于一年的工资将导致大约 2% 的生产率损失。虽然这些影响相当于典型国家一年的生产率增长水平，但这与我们提供的关键激励因素——跨国差异的规模相比，这些影响仍然很小。

而 Guner，Ventura 和 Xu（2008）所称的"依赖规模的政策"是一种潜在的使用更广泛的规制政策，它反映了对销售额、劳动力或资本规模较大的公司征收更高税收的措施。例如，只有在某些雇用门槛之外才会生效的规定、对雇员数量的直接限制，或者对零售场所的物理空间数量的限制。他们分析了这类规制政策的简单但具代表性的模型，发现尽管这些规制政策对企业规模分布有重要作用，但是对全要素生产率的影响相对较小。

大量的发展经济学文献研究了发展中国家生产率低下的二元性和非正式性（Lewis，1954；Rauch，1991；La Porta and Shleifer，2014）。这种文献是定量研究要素误置的基础文献，即发展需要更多的资源从"温饱型"和"非正式性"活动重新配置到"现代型"活动。Busso，Fazzio 和 Levy（2012）使用详细的微观数据研究了墨西哥的生产率和"非正式性"活动之间的关系。他们以规范的制度和法律为基础，对工人和企业内的非正式活动进行了精确的定义。使用这些定义，他们记录了生产率、规模以及每个组的要素误置。研究发现，控制企业的规模和法律地位后，非正式的企业比正式的企业生产率低得多，但却能控制很大一部分的资源，因此导致了墨西哥较低的生产率。Leal Ordonez（2014）使用来自墨西哥的数据校准了一个模型，假设企业可以通过选择雇用低于一定水平的资本来规避规制阈值。他的模型中，非正式部门的活动占很大比例，但他发现，统一执法可以提高 4% 总体生产率。

政府管制也会阻碍个人跨空间的重新配置。Hsieh 和 Moretti（2015）研究了从 1964 年到 2009 年美国 220 个大都市地区的个体的要素误置。在样本期内，美国各城市的工资差距扩大了 1 倍。利用空间再分配模型，美国各城市工资差距的扩大代表了一种要素误置，导致总人均 GDP 损失 13.5%。研究认为，跨城市的劳动力要素误置与住房法规和相关的住房供应限制直接相关。Fajgelbaum，Morales，Suarez Serrato 和 Zider（2015）研究了企业中劳动力的空间分配对美国的州税有一系列反应。他们发现消除税收分散，导致了美国各州的产出略有增长，但是，美国各州的税收差距并不大。Tombe 和 Zhu（2015）提供了中国劳动力（和商品）流动摩擦的直接证据，并对这些内部摩擦所起的作用进行了量化分析，并分析了总体生产率随时间的变化的关系。国内劳动力流动的摩擦减少是关键，另外国内贸易限制的减少共同促进了 2000 年到 2005 年中国的经济增长，而且这种作用约占中国经济增长效应的一半。

市场活动也可以通过国有企业进行调控。在 Song，Storesletten 和 Zilibotti（2011）的分析中，中国私营企业和国有企业之间的制造业资源分配不当是生产率损失的一个关键来源。最近，Brandt，Tombe 和 Zhu（2013）研究了中国非农业部门中，国有和非国有企业以及各省之间要素误置的重要性。他们发现，在 1985～2007 年，要素误置平均降低了非农业全要素生产率的 20%。超过一半的生产率损失是由省内的国有和非国有部门之间的资本误置造成的。虽然随着时间的推移，国有企业所占的份额有所减少，但扭曲仍然保持较强的稳定性。笔者还发现，1998～2007 年国有企业的国有和非国有资本要素误置有所增加。

2.3.2　产权

发展经济学的一个悠久的传统，即强调产权是影响资源配置和生产率的关键制度（Besley and Ghatak，2010）。土地改革在发展中国家很普遍（de Janvry，1981；Banerjee，1999），它们代表了产权改革的一个重要的例子。这种改革是通常与限制农场规模和限制土地市场将土地从大地主重新分配给无地和小地主家庭相关的。如 Adamopoulos 和 Restuccia（2015）研究了这样一个综合的例子，即研究了菲律宾的土地改革，他们采用定量模型和面板微观数据考察了改革前后的农场，发现改革大幅度降低了农场规模和农业生产率（分别减少 34% 和 17%）。消极的生产率效应反映了两者的选择效应和要素误置效应，而且全面强制执行农场规模上限将使得农业生产率下降 1 倍。

2.3.3　贸易与市场竞争

通过扩展 Eaton 和 Kortum（2002）、Melitz（2003）的模型，可以较好地研究贸易政策对总生产率的影响。这些模型的关键在于，关税和其他形式的贸易保护扭曲了不同生产商之间的资源配置。根据 Kehoe，Pujolas 和 Rossbach（2018）的调查，一些研究提供了这些基于模型的估计的影响。早期的一个例子是 Eaton，Kortum 和 Kramarz（2011），他们研究了所有国家贸易成本降低 10% 带来的影响。Caliendo 和 Parro（2015）利用这种模型研究了 NAFTA 的影响，这些研究发现贸易政策带来了适度的生产率影响。但重要的是，其他研究通过分析贸易改革，并将其视为准自然实验，直接处理了贸易自由化和生产率的关系问题。早期的两个典型例子是 Pavcnik（2002）和 Trefler（2004）。Pavcnik 基于智利的一个微观层面的面板数据集，研究了在贸易壁垒大幅减少时期的生产率的变化。她通过利用结果的差异，将贸易对生产率增长的贡献隔离开来。她发现，在进口竞争/出口导向部门的工厂和非贸易部门的工厂之间生产率的差距提高了 19%，其中约 2/3 是由于资源从生产率较低的生产商转向生产率较高的生产商带来的。Trefler（2004）研究了加拿大—美国自由贸易协定的影响作用，并利用了受影响行业的异质性；他发现，扩张部门的生产率增长比收缩部门的生产率增长高了约 15%。

Khandelwal，Schott 和 Wei（2013）研究了贸易改革的另一个具体阶段——2005 年美国、欧盟和加拿大取消了中国纺织品和服装的出口配额。虽然通过市场安排分配的出口配额对总生产率产生了标准误置效应，但他们的实证分析表明，由于政府将配额分配给了生产率较低的国有企业，配额的取消产生了更大的效应。他们发现，超过 70% 的生产率增长是由于配额分配不当产生的，而剩余的 30% 是由于消除配额的标准而产生的。

贸易政策也可能通过其对竞争的影响来影响要素误置，而这种影响通常是通过加价来实现的。Edmond，Midrigan 和 Xu（2015）根据台湾制造业数据校准了一个模型，他们发现从自给自足到自由贸易减少了加成异质性，并导致全要素生产率略高于 12% 的增长。

2.3.4　金融及信息的摩擦

金融市场的不完善或许是最常被研究的要素误置的根源之一。金融市场发展和人均产出之间的正相关是一个强有力的实证发现（Levine，1997）。关于金融市场发展和经济发展的文献太多，无法进行详细讨论。许多文献量化了由于信贷限制造成的生产者之间的资本误置。

由于文献对金融和信息摩擦在关系式上进行了更多的建模尝试和修正，并使用微观数据对其进行了约束，因此资本误置对全要素生产率的影响作用并非像以前一些研究者认为的那么突出或者显著。例如，Midrigan 和 Xu（2014）发现这种效应的幅度不超过 10%（Buera，Kaboski，Shin，2011；Greenwood，Sanchez，Wang，2013；Moll，2014）。Gopinath 等（2015）发现，1999 年后地中海国家资本误置的增加，在很大程度上是由金融摩擦造成的，但其影响的幅度约为全要素生产率的 3%。

其他相关的市场摩擦包括信息不完善、保险不完善和合同执行不完善，也会导致要素误置。例如，David，Hopenhayn 和 Venkateswaran（2016）通过结合企业的生产和股票市场数据来识别信息摩擦，并发现这些类型的摩擦可以使中国和印度的总生产率降低 7% ~ 10%。不完善的保险和信贷限制也在发展经济学中发挥了重要作用（Udry，2012）。Caselli 和 Gennaioli（2013）研究了契约执行不力对家族企业管理的影响，发现契约执行不力对总体要素生产率的影响是巨大的。

2.4　小结

要素误置是地区之间、国家之间生产率差异的主要根源之一。任何政策或制度，只要扭曲了生产者的资源分配（造成要素误置）可能都会通过选择渠道和技术渠道产生额外的影响效应，导致生产率产生变动，进而影响总产出。目前学术界测度要素误置主要有间接法和直接法，目前间接法被证明比较有效，后文的实证研究也主要是采用间接法测度要素误置。同时，要素误置产生的主要原因有不完善的规制、产权、贸易与市场竞争、金融与信息摩擦。基于此，要提升国家或者地区的总产出，通过完善市场规制、制定合理的产权制度、促进贸易和有效的市场竞争，减少金融和信息摩擦，进而促进要素从低生产率的企业重新配置往高生产率的企业，将提升加总生产率。

第3章 要素误置对创造性破坏的 影响分析

　　创造性破坏在熊彼特的观点里，是经济增长的基本引擎，也是推动社会进步的重要动力，更是提升社会成员福利的重要渠道。已有的对于创造性破坏研究，文献较多集中在贸易开放、制度变化等角度。Aghion 等（2013）通过构建熊彼特式的技术创新模型，利用南非的产业数据，研究了贸易开放对创造性破坏带来经济增长的直接和间接促进作用。Iacovone 等（2013）研究了中国的出口竞争对墨西哥国内创造性破坏的影响，发现这种出口冲击导致墨西哥企业和产品产生了选择效应和重配置效应。Brandt 等（2012）研究发现分权制改革促进了中国的创造性破坏，他们证实自由进入市场的政策有利于加快企业市场退出，企业进入和退出带来的生产率的增长约占中国生产率增长的 72%。Zhou 等（2017）认为，全球化及民营经济发展对中国的创造性破坏都产生了积极作用。简泽等利用中国加入 WTO 以后部分产业非关税壁垒取消引起市场竞争环境变化提供的自然实验，发现市场竞争具有两面性：创造性和破坏性。通过创造性，市场竞争推动了微观层面的技术升级；通过破坏性，市场竞争推动了市场份额从低技术企业向高技术企业转移，进而通过再配置效应推动了总量层面的技术升级。

　　改革开放 40 多年来，中国经济取得了巨大发展；然而，中国的创造性破坏较为缺乏。邓可斌、丁重（2010）从上市公司的特质性信息角度出发，研究认为对大企业的政策与制度倾斜是中国创造性破坏缺乏的主要原因。韩剑、严兵（2013）从融资约束的角度出发，发现我国目前以间接融资为主的金融体系，银行市场结构由国有大银行垄断，银行贷款重实物资产、轻无形资产，导致企业研发创新活动面临较大的资金瓶颈，从而导致中国创造性破坏缺乏。

　　从文献中可以发现，虽然关于创造性破坏的文献日趋丰富，但已有文献未注意到中国经济体制转型发展中普遍存在的要素市场扭曲状况，要素市场扭曲不利于劳动力和资本的优化配置，可能通过多种途径对中国的创造性破坏产生约束性影响，从而限制了社会成员福利的提高。

处于市场化改革中的中国，仍然存在较严重的要素价格扭曲和严重要素市场分割现象。综合已有文献，可以发现要素市场扭曲主要通过要素误配置效应、削弱市场竞争、抑制企业创新等渠道影响创造性破坏中的企业进入和退出市场的行为。

3.1 理论分析

第一，要素市场扭曲通过要素误配效应抑制了企业的进入和退出行为。企业的进入和退出行为是企业间通过要素重配置提升加总生产率的主要方式。由于存在大量不完善的制度体制、政府政策和市场的不完全等扭曲市场的因素，这些因素的存在提高了企业进入和退出市场的壁垒，也阻碍了要素在企业间的自由重配。区域间的要素市场分割削弱了资本和劳动力等要素的流动性，导致企业劳动生产率与要素边际报酬降低，进而不利于企业的进入和退出。导致资源配置扭曲的原因则可能就是目前较低的市场化环境及政府的干预。大多数商业银行的国有属性、户籍制度限制、区域间市场环境的严重不平衡性等，都使得企业在要素资源获取方面的巨大差异或要素无法完全根据价格自由流动配置。尤其是针对国有企业，经济转型中的市场分割扮演了对国有企业进行隐性补贴的角色，从而导致一些僵尸企业出现，这些僵尸企业难以退出市场。Tan 等（2016）认为，这种扭曲性的政府偏向以国有企业的扭曲投资行为是僵尸企业出现的主要原因，这些僵尸企业的存在挤出了私营企业的投资；他们研究发现如果僵尸企业能得以退出市场，中国的产业增长率将能提高 2.12 个百分点，资本积累率能提升 1.40 个百分点，就业增长率能提升 0.84 个百分点，全要素生产率增长也能提高 1.06 百分点。金融资源在僵尸企业和非僵尸企业之间存在明显的错配，僵尸企业的资本产出率和劳动生产率更低，利润率和资产回报率也更低，但却以更低的成本吸收了大量金融资源。要素价格信号机制失去其应有功能，市场无法借此对要素进行最优配置，要素使用效率低下，企业的进入和退出行为受到严重阻碍。

第二，要素市场扭曲通过削弱市场竞争程度，进而抑制企业的进入和退出行为。市场竞争的优胜劣汰机制是企业进入和退出的根本动力，同时，企业的进入退出行为进一步带来强大的市场竞争压力。然而，在地方利益的驱动下，各地方政府扭曲要素价格、提供各种投资补贴进行招商引资大战，地区的补贴性竞争使得市场的竞争机制被扭曲，优胜劣汰的市场选择机制难以充分发挥作用，从而不利于企业的进入和退出。欠公平的市场竞争一般与要素市场扭曲是联系在一起的，一些国有或僵尸企业借助要素市场扭曲获得非公平竞争能力的成本优势，破坏了市场参与主体具有公平获得要素机会这一市场经济配置资源的原则。

第三，要素市场扭曲不利于企业创新，进而抑制企业的市场进入和退出。创新具有一定的市场扩张效应，由于创新产生了新产品、新工艺，因而可能会产生新的市场机会和更高的利润，从而吸引新企业的进入。同时，企业创新具有较强的"市场窃取效应"，由于创新产品对于消费者有更高的效应或者有更强的价格竞争优势；因此，创新企业可能据此"窃取"竞争者的市场份额，甚至导致竞争能力不足的竞争对手退出市场。然而，要素市场扭曲不利于企业 R&D 投入，压制企业的自主创新；并且要素市场扭曲通过要素误置效应、寻租效应、技术创新锁定效应等渠道显著地抑制了企业或产业创新效率的提高，进而不利于企业的进入和退出。

3.2 模型、变量与数据

3.2.1 模型设定

根据 Schumpeterian 的创造性破坏理论，新进入市场企业带来了根本性创新和新产品，可能使得某些在位企业产品和技术被淘汰，并可能迫使它们退出市场。Zhou 等（2017）认为企业的进入和退出行为具有相互影响的性质，因此参照 Zhou 的方法，本书仅以企业进入市场为因变量，将企业退出市场作为解释变量之一，构建计数模型分析要素市场扭曲及其通过企业退出产生对企业进入的影响效应。

新进入市场的企业受到影响因素的限制，一个省区的新进入市场企业数量可用式（3.1）表示，其中 N_{ij} 表示 i 省区的 j 行业的新进入企业的数量，X_{if}^f 表示影响企业进入的行业变量，X_{ij}^r 表示影响企业进入的地区特征变量，u_{ij} 表示随机扰动项。

$$N_{ij} = g(X_{if}^f,\ X_{ij}^r) + u_{ij} \qquad\qquad (3.1)$$

对于新进入企业数量，由于其为非负整数，选用计数模型（包括泊松模型或负二项式模型）进行估计较为合适，我们假设新进入企业数量遵循泊松分布，于是新进入企业数量 N_{ij} 的概率密度函数如式（3.2）所示：

$$P(N_{ij}|X_{ij}) = \frac{e^{-\mu_{ij}}\mu_{ij}^{N_{ij}}}{N_{ij}} \qquad\qquad (3.2)$$

其中，μ_{ij} 为泊松参数，其受制于一系列的解释变量 X_{ij}；μ_{ij} 与 X_{ij} 之间满足：

$$\mu_{ij} = E(N_{ij}|X_{ij}) = \exp(X_{ij}\beta) \qquad\qquad (3.3)$$

对两边取对数，则有：

$$\ln[E(N_{ij}|X_{ij})] \equiv \beta X_{ij} \qquad\qquad (3.4)$$

其中，β 表示自变量 X 的系数，E（·）表示期望值。X 是影响企业进入市场的地区特征变量和行业变量。泊松模型要求相对较为严格，一旦因变量数据过度分散，导致因变量的平均值与方差不相等，其估计结果将出现较大的偏误。为了解决这一难题，文献中往往有两种方法解决这个问题：其一，应用 Eicker – White 修正来获得泊松模型估计的稳健值；其二，在模型中引入随机变量 $\nu \sim$ Gamma（1，α），用 $\lambda\nu$ 代替 λ，因此企业数量 N ~ Poisson（N | $\lambda\nu$）。在该假定下，企业数量 N 的分布就修正为负二项分布，记为 NB（λ，α），即可以用负二项式模型进行估计。由于各地区进入市场的企业数量较为分散，故采用负二项式模型进行估计可能较为可靠。为了选取最优模型，本书将采用两种方法进行选取。第一种方法，采用 Greene 等（2008）的方法，将研究对象变量的均值与方差比较，看是否相等且 Alpha 检验是否显著，若两者基本相等且 Alpha 检验不显著，则即为一般离散可采用泊松分布模型；但假如方差明显与均值不相等，且

Alpha 检验显著，则为过度离散采用负二项分布模型。第二种方法，则是将数据进行两种分布的拟合，分别比较偏差值（Deviance）及皮尔森卡方值（Pearson Chi - Square）与自由度的比值，如果比值偏离 1 的程度较大，则认为数据拟合过度离散，产生了超散布性问题。

我们构建基础模型，有：

$$\ln E(Entry_{ijt} \mid X_{ij}) = C + \alpha f(Exit_{ijt-1}) + \beta FMD_{it-1} + \varphi FMD_{it-1} \times f(Exit_{ijt-1}) +$$

$$\lambda RS_{ijt-1} + \gamma \sum_i Z + v_{it} + \varepsilon_{it} \tag{3.5}$$

其中，i 为省区，j 为行业，t 为年份，Entry 为进入企业数量，C 为截距；f（Exit）为不同企业群体的退出率，FMD 为解释变量——要素市场扭曲；RS 为省区层面控制变量，包括产业集聚、对外开放度、国有企业产出比例、基础设施、金融发展等变量；Z 为一组哑变量，用于控制各省区、各行业及其他随时间变化的不可观测因素的影响，我们使用了省区哑变量（Reg）、行业哑变量（Ind）和年份哑变量（Year）进行控制；v 为个体效应，ε 为残差。由于企业是基于已有经济环境进行进入市场决策，解释变量都采用滞后一期的数据；这样的处理也能够避免估计方程中各变量与被解释变量进入企业数量之间相互影响带来的内生性问题。

3.2.2 变量

在已有的文献中大多使用市场的企业进入（和退出）衡量创造性破坏。企业进入（Enter）根据 Zhou 等的方法，用各省区新进入市场的企业数量衡量；企业退出率（Exit）用退出企业数量与工业企业总量比值衡量。

要素市场扭曲（FMD）：国内测度要素市场扭曲的方法主要是使用樊纲等（2010）的《中国市场化进程指数报告》相关指标构建测度指数。戴魁早、刘友金（2015）在借鉴林伯强、杜克锐（2013）做法的基础上，采用标杆分析方法的相对差距指数衡量地区要素市场扭曲程度。本书也采用这一方法衡量，即 $FMD_{it} = [maxFM_{it} - FM_{it}] / maxFM_{it}$，其中，$FM_{it}$ 为要素市场发育程度指数，$maxFM_{it}$ 为样本中要素市场发育程度最高值，FMD_{it} 的取值范围为 0 ~ 1，既能够体现地区间要素市场扭曲程度的相对差异，也能反映地区要素市场随时间的变化程度。

　　行业层面控制变量：为了考察执业年限长短企业退出、大小规模企业退出对企业市场进入的影响效应，我们引入 4 个产业层面控制变量，包括：执业年限较长的企业退出滞后项（Exit_ old_{ijt-1}），执业年限长于 4 年的为执业年限长的企业。执业年限较短的企业退出滞后项（Exit_ $young_{ijt-1}$），执业年限短于 4 年的为执业年限短的企业。从业人员数大于或等于 200 人的企业为大规模企业，小于 200 人的为中小规模企业，于是有大规模企业退出滞后项（Exit_ $lager_{ijt-1}$），中小规模企业退出滞后项（Exit_ $Small_{ijt-1}$）。

　　省区属性控制变量：产业集聚（agglom）用各地工业的区位商衡量。对外开放度（Open）用各地区各年进出口总值与 GDP 的比值衡量。国有企业产出比例（SOE）用各省区国有企业工业产值与地区工业总产值的比重测度。基础设施（INF）用铁路里程与省区面积比例衡量。金融发展（FD）我们用最具代表性的指标——金融相关比率，即以金融机构提供给私人部门贷款总额与 GDP 的比值度量。

3.2.3　数据来源及其处理

　　本书的主要数据来自中国国家统计局的 1998～2009 年"工业企业数据库"，该数据库将全部国有企业和年收入 500 万元以上的非国有企业纳入在内。参考 Brandt 等的做法，采用企业法人代码识别企业的进入、退出、在位经营状况，即企业法人代码如果在 t－1 期未出现，而在 t 期出现，则认为企业在 t 期进入市场；在 t－1 期出现，但是在 t 期消失，则被认为是企业在 t 期产生市场退出。但这仅仅是将问题简单化了，原因在于中国工业企业数据库仅将全部国有及年收入 500 万元以上的非国有工业企业收入在内，按照这种数据的处理原则，只要某个非国有工业企业年收入低于 500 万元，则该企业将被排除在数据库外，这时该企业将被我们视为退出市场，或者未进入市场，诸如此类的问题必将造成所谓的"虚假"的进入、退出。为了简化问题，本书也与大多数文献的做法一致，仅考虑一般情况，即只要企业法人代码在 t－1 期没有出现，而在 t 期出现，则被认为是企业进入市场；在 t－1 期出现，但是在 t 期消失，则被认为是企业退出市场。

　　衡量要素市场扭曲的数据来自樊纲等编制的《中国市场化指数：各地区市场

化相对进程 2011 年报告》中的相关数据。其他数据来源于各年度的《中国统计年鉴》、各省统计年鉴和中经网数据库。

3.2.4 企业进入和退出市场的统计分析

考察期内，平均的企业进入率为 20.8%，退出率为 12.6%（见表 3 – 1）；整体来看，企业退出率在这十几年间持续下降，从 1998 年的 15.09% 下降到 2009 年的 10.88%。企业进入率波动较大，最低年份进入率为 12.39%，最高的 2004 年企业进入率达到 41.72%。比较来看，执业时间短的企业退出率要小于执业时间长的企业退出率，中小规模企业退出率高于大规模企业。其原因可能在于在考察期内，中国进行了大规模的产业结构调整和企业改革，尤其是国有企业进行改制；一些执业时间长的企业由于生产率相对低下，市场适应能力较弱，竞争力不足，在改革和竞争中被淘汰出市场；而执业时间较短的企业，包袱较小，可以更灵活地选择适应市场的产品和技术，从而退出率较低。中小规模的企业比起大规模企业，由于拥有的无形资产和有形资产都较少，在应对外部冲击和竞争时能力相对欠缺，从而更容易退出市场。

表 3 – 1　企业进入、退出状况统计分析（1998～2009 年）　　　　单位:%

变量	最大值	最小值	均值	标准差
企业进入率	41.72	12.39	20.80	9.21
企业退出率	15.09	10.88	12.60	3.68
执业年限长的企业退出率（执业年限大于或等于 4 年）	24.07	7.31	14.48	4.67
执业年限短的企业退出率（执业年限为 1～3 年）	16.37	5.91	9.47	2.89
大规模企业的退出率（从业人员大于或等于 200 人）	13.16	4.23	8.22	2.94
中小规模企业退出率（从业人员小于 200 人）	20.89	9.71	17.46	5.63

从地区分布来看，东部地区的企业进入率较高，其中尤其是浙江、福建、辽

宁、江苏和山东进入率长期高于企业市场退出率。而中西部地区的进入率相对较低，尤其是在加入 WTO 之前的年份里，中西部地区的企业进入率与退出率相差不大，有的省份甚至进入率低于退出率。

3.3 实证结果

3.3.1 负二项式模型与泊松模型的拟合效果比较

首先比较泊松分布和负二项分布对企业进入市场的拟合效果，进而选取更为合适的考察模型。从表 3－2 报告的结果，泊松分布模型中的偏差值（Deviance）和皮尔森卡方值（Pearson Chi－Square）与自由度比值大于 1，数据拟合过度离散，拟合效果不理想产生了超散布性问题。而负二项分布模型中的偏差值和皮尔森卡方值与自由度比值均接近于 1，既没有超散布性问题，也没有超集聚性问题，拟合效果较为理想。上述结果显示负二项分布模型比泊松分布模型更为合适，这有利于减少估计偏误。

表 3－2 两种分布模型拟合效果对比

	泊松分布（值/自由度）	负二项分布（值/自由度）
Deviance	19.434	1.072
Scaled Deviance	19.434	1.072
Pearson Chi－Square	18.719	0.925
Scaled Pearson	18.719	0.925

注：Deviance 为偏差，Pearson Chi－Square 为皮尔森卡方。

3.3.2 基础估计

从表 3－2 可以看到，超分布附属参数检验拒绝 Alpha＝0 的原假设，也表明负二项分布模型比泊松分布模型更优，因此本书的估计均使用负二项式模型进行估计。从结果中发现，企业退出（Exit）的各滞后一期项均对企业进入（Enter）有显著的影响，这说明企业退出市场释放出来的资源、要素有利于吸引企业的进入，这些要素从生产率相对落后的退出企业中重新配置往新进入企业，有利于要素的优化配置，也有利于促进新进入企业的发展壮大。比较来看，执业时间较长的企业退出比执业时间短的企业退出更有利于新企业的进入，原因在于执业时间长的企业拥有更为丰富的要素资源和市场网络等，而执业时间较短的企业相对欠缺；故而执业时间长的企业退出更有利于新企业进入。大企业退出比小企业退出更有利于新创企业进入，同样，这可能主要也是得益于大企业占有较多的要素资源，大企业退出带来的要素重配置更有利于新企业的发展，故而更能吸引新企业的进入。

重点关注解释变量要素市场扭曲对新企业进入的影响，可以看到，要素市场扭曲对新企业的进入有负向作用，且在1%的统计水平上显著。要素市场扭曲通过要素误配置效应、削弱市场竞争、抑制企业创新等渠道，降低了企业进入市场的概率。从要素市场扭曲与各退出变量的交互项的实证结果可以发现，交互项均显著为负，表明要素市场扭曲通过影响企业退出行为进而产生了对企业进入市场的负面影响；这意味着要素市场扭曲不仅直接降低了企业进入市场的概率，而且通过限制企业退出从而削弱企业进入市场行为，要素市场扭曲削弱了中国的创造性破坏。比较来看，要素市场扭曲通过限制大企业和执业时间长的企业退出市场带来的削弱企业进入市场的概率要大于通过限制小企业和执业时间短的企业退出市场带来的削弱企业进入市场的概率。在中国，大企业由于规模较大，承担着解决就业、融通资金的负担、地方 GDP 依赖等作用，在要素市场扭曲的背景下，较难退出市场。而执业年限长的企业，有相对丰富的经营经验和相对完善的经营网络，要素市场扭曲使得其难以退出，甚至成为僵尸企业。

3.3.3 分地区分时段的估计结果

为了考察地区之间要素市场扭曲对创造性破坏的影响，我们将全国分成东部、中部和西部；同时为了考察加入 WTO 前后要素市场扭曲变化对创造性破坏的差异性影响，我们将考察期分成 1998～2002 年和 2003～2009 年两段。表 3－3

报告了分东中西部地区和分时段的计量结果，对于东部、中部、西部三大地区，要素市场扭曲均对企业进入有显著的负向影响作用。分地区来看，东部地区要素市场扭曲对企业进入负向作用最小，中部地区次之，西部负向作用最大，其原因在于东部地区要素市场发育相对成熟，政府对市场的干涉较小，要素市场扭曲程度相对较低；另外，东部地区市场更为开放，私营企业发展较突出，基础设施条件较好，金融发展水平较高，这些条件可能在一定程度上抵消要素市场扭曲对企业进入市场的限制作用。分时间段来看，加入 WTO 后的 2003 ~ 2009 年在三大地区，要素市场扭曲对企业进入的负向影响作用均更小；这主要是由于加入 WTO 后，随着开放程度的提升，资本和劳动等要素的市场受到来自外界更为突出的冲击，要素市场扭曲程度得到一定程度的改善，这与戴魁早、刘友金（2015）的研究结论一致，从而对地区企业进入的负向影响作用更小。

表 3 - 3　基本计量结果（负二项式模型）

变量	（1）	（2）	（3）	（4）
$Exit\_old_{ijt-1}$	0.069 *** (4.127)	—	—	—
$Exit\_young_{ijt-1}$	—	0.035 * (1.982)	—	—
$Exit\_lager_{ijt-1}$	—	—	0.049 *** (5.572)	—
$Exit\_Small_{ijt-1}$	—	—	—	0.028 ** (2.274)
FMD_{it-1}	- 0.058 *** (- 4.352)	- 0.065 *** (- 3.032)	- 0.052 *** (- 5.174)	- 0.049 *** (- 4.426)
$FMD_{it-1} \times Exit\_old_{ijt-1}$	- 0.019 *** (3.785)	—	—	—
$FMD_{it-1} \times Exit\_young_{ijt-1}$	—	- 0.014 * (1.956)	—	—
$FMD_{it-1} \times Exit\_lager_{ijt-1}$	—	—	- 0.024 *** (4.711)	—

续表

变量	(1)	(2)	(3)	(4)
$FMD_{it-1} \times Exit\_Small_{ijt-1}$	—	—	—	-0.009 (1.282)
年份哑变量	有	有	有	有
省区哑变量	有	有	有	有
行业哑变量	有	有	有	有
观测值	396102	396102	396102	396102
LR 检验	267.25***	231.59***	272.64***	256.88***
超分布附属参数检验 Alpha=0	493.14***	417.88***	402.75***	475.83***
Log-likelihood 值	-2474.58	-2489.76	-2530.19	-2549.92

注：*、**、***分别表示在10%、5%、1%水平下显著，括号内为t值。

要素市场扭曲与企业退出的交互项在中西部均显著为负，而在东部地区不显著；这表明在东部地区，要素市场扭曲并未能通过降低企业退出行为削弱企业进入市场的概率。原因可能在于东部地区要素市场扭曲程度相对较小，产生对企业退出行为负向作用较弱，而东部地区较强的企业退出效应带来的对企业市场进入的正向作用抵消了要素市场扭曲产生的对企业进入市场的负向作用，从而使得东部地区的要素市场扭曲与企业退出交互项系数不显著。中西部地区，由于要素市场扭曲程度较高，其通过限制企业退出市场进而对企业进入概率产生显著的负向影响作用。

关注其他控制变量，产业集聚（Agglom）、对外开放（Open）、基础设施（INF）、金融发展（FD）在三大地区考察期内均对企业进入市场概率有显著的正向作用。产业集聚环境中，企业可以共享基础设施，并共同承担风险；同时，集聚可以使得一些专业化的中间投入品能够扩大生产到获得规模经济的水平；集聚导致企业和工人之间可以减少彼此之间的搜寻成本，提高匹配效率；同时，产业集聚可以产生正向的知识溢出，从而促使企业生产率提高，从而有利于吸引企业进入。对外开放程度较高的地区有较多的FDI集聚，政策更为灵活，FDI的技术溢出可以在一定程度上降低企业成本，有助于企业进入。较好的基础设施有利于降低企业成本，有利于提升企业利润，同时是企业所需要的人才集聚的重要原因，从而促进企业进入。企业生存与发展需要较多的资金，金融发展较好的地区能够使企业以较低的成本获得较充足的资金支持，从而金融发展有利于企业进入市场。国有企业比重（SOE）均对企业进入市场概率有显著的负向作用，国有企业为了保护自身利益，通过政府的行政干涉，提高市场进入壁垒，限制私营企业进入市场。

3.3.4　地区异质性的影响效应

从前文检验中发现，东部地区要素市场扭曲对企业进入负向作用最小，中部地区次之，西部负向作用最大，我们推测原因之一是东部地区的特征因素可能在一定程度上抵消了要素市场扭曲对企业进入市场的限制作用。但这仅仅是推测，为了验证这一推测，我们在实证模型中添加使用要素市场扭曲与地区特征的交互项来处理。

表 3-4 中解释变量的系数方向基本相同且变化不大，这说明了估计结果有较强的稳健性。从表 3-4 中的结果整体来看，可以得到如下几个结论：①产业集聚的影响。要素市场扭曲与产业集聚的交互项（FMD × Aggl）均显著为正，表明产业集聚程度较高地区，要素市场扭曲对企业进入的负向作用更小，产业集聚有利于提高劳动力、资本等要素的匹配效率，优化资源配置；也有利于增强市场竞争和技术创新，从而显著地削弱要素市场扭曲对企业进入的负效应。②对外开放的影响。要素市场扭曲与对外开放的交互项（FMD × Open）系数均显著为正，这说明随着地区对外开放程度的扩大，要素市场扭曲对企业进入的抑制作用受到削弱。对外开放带来的市场竞争和要素重配置效应都有利于促进企业进入、退出；同时，对外开放带来的技术溢出、规模经济、更先进的中间投入品、FDI 溢出等都有利于促进企业创新，从而削弱要素市场扭曲对企业进入的负向效应。③国有企业比重的影响。要素市场扭曲与国有企业比重的交互项（FMD × SOE）影响系数均显著为负，表明国有企业比重越高的地区，要素市场扭曲对企业进入的抑制效应越强。国有偏向型政策，导致国有企业在信贷、市场准入、补贴等诸多方面都享受了更多的政策优惠，而且国有企业的市场退出受到政府政策的干扰；国有企业比重越高，要素市场扭曲的程度也就越高，国有企业比重加强了要素市场扭曲对企业市场进入的限制效应。④基础设施的影响。要素市场扭曲与基

础设施的交互项（FMD×INF）也均显著为正，表明基础设施发展有利于削弱要素市场扭曲的企业进入抑制效应，交通基础设施、信息基础设施等均有利于加速要素的流转，提升要素的配置效率，进而更有利于新企业的进入。⑤金融发展的影响。交互项（FMD×FD）也均为正，且显著；意味着金融发展越好的地区，要素市场扭曲对企业进入的抑制作用也越弱。我们认为可能的原因在于，首先，金融发展可以促进企业发展，有利于企业生产率提高，降低企业融资成本。其次，金融发展有利于要素的优化配置，能更好地释放资本逐利性的本质，推动资本朝更具效率的企业重新配置，缓解企业创新资本短缺的困境，提高企业进入率。

表 3-4　分地区分时段的计量结果（负二项式模型）

变量	东部		中部		西部	
	1998~2002 年	2003~2009 年	1998~2002 年	2003~2009 年	1998~2002 年	2003~2009 年
$Exit_{ijt-1}$	0.033 *** (4.127)	0.045 *** (3.262)	0.044 *** (2.539)	0.049 *** (2.744)	0.040 *** (3.571)	0.045 *** (3.814)
FMD_{it-1}	-0.017 *** (-3.385)	-0.012 *** (-3.542)	-0.025 * (-1.978)	-0.022 *** (-4.305)	-0.035 *** (-3.671)	-0.031 * (-2.044)
$FMD_{it-1} \times$ $Exit_{ijt-1}$	-0.009 (-1.388)	0.005 (1.042)	-0.012 * (-1.982)	-0.019 *** (-2.814)	-0.016 *** (-5.072)	-0.022 * (-1.997)
$Agglom_{it-1}$	0.147 *** (5.642)	0.153 *** (5.216)	0.127 *** (3.466)	0.139 *** (4.172)	0.105 *** (6.078)	0.140 *** (5.329)
$Open_{it-1}$	0.539 *** (3.624)	0.548 *** (5.572)	0.203 *** (4.269)	0.231 *** (3.617)	0.137 *** (4.235)	0.142 * (1.993)
SOE_{it-1}	-0.073 *** (-4.382)	-0.087 *** (6.035)	-0.089 *** (-3.042)	-0.090 *** (-4.276)	-0.092 *** (-3.042)	-0.097 *** (-4.184)
INF_{it-1}	0.054 *** (4.711)	0.060 *** (5.247)	0.049 *** (3.042)	0.052 *** (5.383)	0.033 (1.042)	0.047 * (1.884)
FD_{it-1}	0.125 *** (4.267)	0.128 *** (3.577)	0.080 *** (3.819)	0.085 *** (5.243)	0.067 *** (4.451)	0.069 *** (4.176)
年份哑变量	有	有	有	有	有	有
省区哑变量	有	有	有	有	有	有
行业哑变量	有	有	有	有	有	有
观测值	103877	130818	50255	65288	19664	26200

续表

变量	东部		中部		西部	
	1998~2002 年	2003~2009 年	1998~2002 年	2003~2009 年	1998~2002 年	2003~2009 年
LR 检验	211.90***	259.38***	227.94***	276.81***	243.17***	271.83***
超分布附属参数检验 Alpha = 0	387.25***	379.74***	302.66***	325.79***	341.92***	374.61***
Log-likelihood 值	-2496.55	-2586.43	-2473.35	-2671.18	-2452.73	-2534.21

注 * 、 ** 、 *** 分别表示在 10% 、 5% 、 1% 水平下显著, 括号内为 t 值。

进一步, 从地区比较来看, 我们发现对于中西部地区, 要素市场扭曲与基础设施的交互项 (FMD × INF) 、要素市场扭曲与金融发展的交互项 (FMD × lnFD) 系数均大于东部地区, 这表明在中西部地区, 基础设施的完善和金融发展水平的提升及国有企业比重的降低比东部地区发挥了更重要的削弱要素市场扭曲的企业进入抑制效应。可能的原因是基础设施完善、金融发展对于要素市场扭曲程度更高的中西部地区, 其带来的降低要素市场扭曲的创造性破坏抑制效应、边际效应更大 (见表 3-5)。

表 3-5　地区异质性影响效应的计量结果 (负二项式模型)

变量	东部		中部		西部	
	1998~2002 年	2003~2009 年	1998~2002 年	2003~2009 年	1998~2002 年	2003~2009 年
$Exit_{ijt-1}$	0.030*** (4.531)	0.041*** (3.279)	0.042*** (2.318)	0.045*** (2.562)	0.025*** (3.764)	0.029*** (3.422)
FMD_{it-1}	-0.022*** (-5.258)	-0.019*** (-3.542)	-0.037* (-1.922)	-0.034*** (-3.764)	-0.041*** (-5.283)	-0.036*** (-2.962)
$Agglom_{it-1}$	0.104*** (3.685)	0.108*** (4.174)	0.095*** (3.830)	0.099*** (3.487)	0.085*** (6.078)	0.090*** (5.329)
$Open_{it-1}$	0.434*** (3.885)	0.440*** (4.539)	0.222*** (4.753)	0.226*** (3.430)	0.131*** (4.729)	0.137*** (2.975)
SOE_{it-1}	-0.046*** (-4.819)	-0.042*** (5.367)	-0.053*** (-2.764)	-0.048*** (-3.243)	-0.064*** (-3.818)	-0.055*** (-3.729)
INF_{it-1}	0.026*** (3.385)	0.029*** (4.874)	0.022*** (3.476)	0.024*** (7.323)	0.017** (2.038)	0.019*** (2.825)

续表

变量	东部		中部		西部	
	1998~2002 年	2003~2009 年	1998~2002 年	2003~2009 年	1998~2002 年	2003~2009 年
FD_{it-1}	0.064 ***	0.066 ***	0.054 ***	0.059 ***	0.038 ***	0.045 ***
	(3.731)	(4.623)	(3.042)	(3.764)	(3.740)	(4.025)
$FMD_{it-1} \times$ $Exit_{ijt-1}$	0.003	0.006	-0.002 *	-0.007 **	-0.004 ***	-0.002 *
	(1.123)	(1.472)	(-1.944)	(-2.029)	(-3.315)	(-1.971)
$FMD_{it-1} \times$ $Agglom_{it-1}$	0.019 ***	0.023 ***	0.014 ***	0.020 ***	0.010 ***	0.015 ***
	(3.772)	(3.728)	(5.681)	(4.974)	(3.522)	(3.983)
$FMD_{it-1} \times$ $Open_{it-1}$	0.033 ***	0.038 ***	0.029 ***	0.030 ***	0.017 ***	0.024 ***
	(5.642)	(5.166)	(4.543)	(5.028)	(3.541)	(2.792)
$FMD_{it-1} \times$ SOE_{it-1}	-0.003 ***	-0.005 ***	-0.006 ***	-0.005 ***	-0.014 ***	-0.012 ***
	(-3.924)	(-3.211)	(-3.073)	(-3.466)	(-3.082)	(-3.154)
$FMD_{it-1} \times$ INF_{it-1}	0.008 ***	0.012 ***	0.009 ***	0.013 ***	0.015 ***	0.025 ***
	(4.574)	(4.263)	(3.561)	(5.488)	(3.975)	(4.430)
$FMD_{it-1} \times$ FD_{it-1}	0.021 ***	0.029 ***	0.030 ***	0.033 ***	0.036 ***	0.039 ***
	(3.782)	(3.517)	(3.753)	(4.519)	(3.849)	(4.172)
年份哑变量	有	有	有	有	有	有
省区哑变量	有	有	有	有	有	有
行业哑变量	有	有	有	有	有	有
观测值	103877	130818	50255	65288	19664	26200
LR 检验	236.28 ***	249.43 ***	210.38 ***	247.59 ***	230.82 ***	247.09 ***
超分布附属参数 检验 Alpha = 0	344.72 ***	361.59 ***	384.60 ***	373.82 ***	386.14 ***	391.74 ***
Log-likelihood 值	-2503.51	-2472.84	-2488.62	-2549.37	-2498.33	-2591.47

注：*、**、***分别表示在 10%、5%、1% 水平下显著，括号内为 t 值。

3.4 结论与启示

创造性破坏是经济增长的基本引擎，也是推动社会进步的重要动力，更是提升社会成员福利的重要渠道；然而，中国的创造性破坏较为缺乏，原因何在呢？

本书从要素市场扭曲的角度回应了这一重要问题。理论分析发现要素市场扭曲主要通过要素误配置效应、削弱市场竞争、抑制企业创新等渠道影响企业创造性破坏中的企业进入和退出市场的行为。本书通过构建负二项式模型，实证检验发现，要素市场扭曲不仅直接降低了企业进入市场的概率，而且通过限制企业退出从而削弱企业进入市场行为，即要素市场扭曲削弱了中国的创造性破坏。比较来看，要素市场扭曲通过限制大企业和执业时间长的企业退出市场带来的削弱企业进入市场的作用要大于通过限制小企业和执业时间短的企业退出市场带来的削弱企业进入市场的概率。分地区来看，东部地区要素市场扭曲对企业进入负向作用最小，中部地区次之，西部负向作用最大。分时间阶段来看，加入 WTO 后，要素市场扭曲对企业进入的负向影响作用均更小。要素市场扭曲对企业进入市场的限制作用受到地区特征的影响，在产业集聚程度更高、对外开放更突出、基础设施更完善、金融发展更好，国有企业比重较低的地区，更好地削弱了要素市场扭曲对企业进入的抑制作用。地区比较来看，中西部地区，基础设施的完善和金融发展水平的提升比东部地区发挥了更重要的削弱要素市场扭曲的企业进入抑制效应。

研究结论蕴含丰富的意义：第一，完善要素市场，有利于促进创造性破坏，促进企业的进入和退出市场的行为，进而提高社会福利。因此，在进行产业规划时，要积极推进要素市场建设，在中西部要素市场扭曲程度相对较高的地区更是需要通过优化劳动力和资本等要素的市场配置，以此助推企业的创造性破坏。第二，针对于大规模企业和执业年限长的企业，如果已经确实失去竞争力，要有壮士断腕的决心，积极采取政策鼓励其退出，而不应采取扭曲的要素配置政策对其进行支持，否则将更为严重地阻碍新企业进入，削弱创造性破坏。第三，必须重视产业集群培育，并继续推进对外开放，鼓励更多的企业"走出去和引进来"；同时积极完善金融市场，以便更好地削减要素市场扭曲对创造性破坏的抑制作用。第四，加强国有企业改革，改变原有的国有企业偏向型政策，让市场代替行政垄断，加快推进政企分开、政资分开、所有权与经营权分离，促进要素市场的公平竞争，以优化要素资源的配置。第五，市场进入率较低的中西部地区，尤其要加强基础设施建设，促进金融发展，以便更好地加快要素的流转，进而促进创造性破坏。

第4章 资本误置与中国工业
企业创新绩效

　　创新思想的产生及其商业化需要大量的资本投入，而且出于其固有的信息不对称和需要更强市场激励等原因，导致了创新活动必然面临更为突出的资本约束。Andrews，Criscuolo 和 Menon（2014）认为，在一个健康的经济体中，要素总是能较好地从非创新企业（或者创新能力较弱的企业）重新配置往创新企业（或者创新能力较强的企业），其中资本要素表现得尤其突出，从而影响企业总体创新能力；而一些扭曲市场的行为对资本要素往创新企业配置产生了负面影响。他们研究还发现，一些国家比其他国家在将资本配置往创新企业更为成功，如美国，资本配置往创新企业的效率是意大利的 3 ~ 4 倍。

　　与美国等发达国家相比，中国的资源扭曲状况非常严重。Hsieh 和 Klenow（2009）发现，如果以美国为基准，中国的要素配置效率达到其程度，全要素生产率（TFP）将提高 30% ~ 50%。Brandt，Tombe 和 Zhu（2013）认为，在1985 ~ 2007 年，要素误置导致中国非农业部门生产率平均下降了 20%。聂辉华、贾瑞雪（2011）使用 OP 方法研究发现，中国存在相当严重的资源误配置，国有企业是误配置的主要因素之一，行业内部的资源重置效应近似于 0，进入和退出效应没有发挥作用。而罗德明、李晔、史晋川（2012）则认为，去掉扭曲后，中国的人均 GDP 将增长 115.61%。在要素扭曲中，资本扭曲带来的全要素生产率损失更为突出；Song，Storesletten 和 Zilibotti（2011）认为，资本市场扭曲可以解释中国 TFPR 损失的 38%，如果中国的资本配置效率达到英国的水平，TFPR 将提高 20%。不合理的制度安排、产品市场和资本市场的不完善导致了资本误配置。Wei 等（2017）认为，让更具生产率（或创新能力更高）的企业追求更多创新，而让生产率较低的企业仅仅进行模仿，有利于提升 R&D 资源的配置效率，有利于促进中国加总生产率的提高。然而，在中国，较为严重的资本扭曲状况可能对资本往创新企业配置产生了阻碍作用，导致一些创新能力较强的企业难以获得较充足的资本，从而影响总体企业的创新行为，进而影响国家的整体创新能力。

4.1　文献综述

创新需要固定的成本投入，而且创新活动具有较高的风险性，因此企业技术创新需要有较充足的资本配置。有效的资本配置对于创新企业（或者创新能力较强的企业）来说能够更好地获得资源，使其能够更好地制定可行的创新战略，能够更好地将创新思想商品化，而资本误置将使得这一机制失效。Kogan 等（2017）研究发现，在美国，资本要素能够在产业内和产业间较好地从非创新企业重置往创新企业。Andrews 和 Criscuolo（2013）认为有效的资本要素配置是知识资本能得以不断发展的重要原因；在知识经济时代，良好的资源配置非常重要，一些扭曲资本市场的行为将降低创新的投资收益，从而导致一些成功的创新者难以得到足够的资本来支撑创新思想的执行和商业化。Akcigit 等（2014）的研究认为发展中国家企业规模比发达国家企业更小，创新能力更弱，其主要原因是缺乏 "选择效应"；增长潜力很小的企业能生存下来，处于停滞状态，既不退出也不扩张，而创新型企业却因为某些约束得不到充分的扩张从而不能在短期内取代它们，这导致创造性破坏难以实现。在很多文献中，资本误置被证明是企业进入、退出行为受到抑制，市场竞争力缺乏的重要原因。如 Buera，Kaboski 和 Shin（2011），Midrigan 和 Xu（2014）研究发现资本市场摩擦力导致了企业的进入和退出市场机制失效。Acemoglu 和 Cao（2015）发现对在位企业进行 R&D 补贴，将会阻碍技术创新能力强的企业进入市场，直接或者间接地阻碍低创新能力的企业退出市场，导致加总生产率的下降。

Caggese（2014）认为新企业能够带来更为重要的根本性创新；然而，资本市场摩擦力导致了新企业缺乏足够的资金进行高风险的根本性创新，并且提高了新企业的破产概率。Hall 和 Lerner（2009）认为，在一些国家，某些年轻的创新型企业的资金缺口可以由高度专业化的金融中间品比如风险资本和商业天使基金来进行支持，而这些金融中间品能够较好地克服资本市场上的信息不对称，从而支持这些企业选择创新投资。Gorodnichenko 和 Schnitzer（2013）研究发现，在那些有着高金融发展水平的国家，小企业有更高的创新成功的概率。较完善的金融市场尤其是种子基金和风险基金有利于一些知识型的创新企业可以在风险投资的支持下选择进入市场，或者选择进行创新投资。除不完善的资本市场外，Gabler 和 Poschke（2013）认为，不合理的税收政策产生了资本误置，从而令企业演化难以实现；他们的研究还认为脆弱的基础设施、不合理的法律政策、较高的行政成本、较难获得资本市场的支持是非洲国家存在较严重的资本误配置的主要原因。Andrews，Criscuolo 和 Menon（2014）研究还发现，较高的贸易和投资壁垒、不完善的破产法、缺乏效率的司法系统都会导致资本不能良好地从非创新企业向创新企业配置，使得某些国家创新能力处于较低水平。

在已有文献的基础上，本书从如下几个方面进行拓展，以期做出自己的边际贡献：首先，数据上我们将国内目前两个最细致的中国工业企业数据和国家知识产权局企业专利申请数据进行匹配，方法上使用 Heckman 两步模型和 Tobit 工具变量法实证检验了城市层面的资本扭曲状况对企业研发投资和创新产出的影响效应，以弥补相关研究的缺陷。其次，衡量要素扭曲，国内已有的研究成果大多使用樊纲等的"市场化指数"为基础，如张杰等（2011）、戴魁早和刘友金（2015）等，但是这类宏观的数据未必能真实反映企业的资本扭曲状况。而我们从企业本身出发，利用企业数据，引入回归法测度城市层面资本扭曲水平，这可以从更深的企业微观层面反映出资本市场扭曲的程度，该方法比市场化指数这类宏观数据更贴近现实，更能真实反映中国资本误配置的状况。最后，我们以加入 WTO 为自然实验，通过构建倍差法模型，以考察加入 WTO 带来的外部冲击通过降低资本扭曲水平产生的对企业创新产出的影响效应。

4.2　模型设定、指标构建与数据描述

4.2.1　模型设定

我们以地级以上城市为单位，考察城市资本扭曲水平对企业创新的影响；根据企业创新的特征，将其分成研发投资、创新产出两个过程；并与其对应构建相互联系的创新方程，从而系统地研究资本扭曲对企业创新的影响效应。

4.2.1.1　研发投资

企业进行研发投资存在选择性的偏误问题，为了修正这种问题，Heckman 模型是较好的选择。Heckman 模型分成两步，第一步为选择方程，第二步为强度方程。

方程（4.1）为研发投资选择方程，即企业选择是否进行研发投资。其中 RD_{it} 是显性指标函数，假如企业 i 在 t 年进行研发投资，则其值为 1，否则为 0。RD_{it}^{*} 为潜变量函数，表示当函数值大于某一门槛值 $\overline{T}$ 时，企业 i 将进行研发投资。MK_{ct} 为关键解释变量，即企业所属城市 c 在 t 年的资本误配置水平；x_{it} 为控制变量，包括企业层面和地区层面的控制变量。α_i 用于抓住不可观测的企业异质性的影响；u_{it} 为随机误差项。由于研发选择为二值变量，因此方程（4.1）可以使用 Probit 模型进行估计。

$$RD_{it} = \begin{cases} 1 & \text{假如 } RD_{it}^{*} = \delta^{(1)}MK_{ct} + \beta^{(1)}x_{it} + \alpha_i^{(1)} + u_{it} > \overline{T} \\ 0 & \text{假如 } RD_{it}^{*} = \delta^{(1)}MK_{ct} + \beta^{(1)}x_{it} + \alpha_i^{(1)} + u_{it} \leqslant \overline{T} \end{cases} \qquad (4.1)$$

方程（4.2）为研发强度方程，RDI_{it}^{*} 为不可观测的潜变量，代表企业的研发强度。其他变量的含义与方程（4.1）相同。

$$RDI_{it} = \begin{cases} RDI_{it}^{*} = \delta^{(2)}MK_{ct} + \beta^{(2)}x_{it} + \alpha_i^{(2)} + v_{it} & \text{假如 } RD_{it} = 1 \\ RDI_{it} = 0 & \text{假如 } RD_{it} = 0 \end{cases} \qquad (4.2)$$

由于样本本身的问题，这时有可能误差项 u_{it} 和 v_{it} 会显著相关，这必然会使

得估计结果出现偏差，因此有必要进行修正。于是在式（4.2）中加入 λ 值，得到估计式（4.3），从而修正估计偏差。其中：

$$\lambda_{it} = \varphi(\alpha Z_t + \beta MK_{ct})/\phi(\alpha Z_t + \beta MK_{ct}) \tag{4.3}$$

其中，$\varphi(\cdot)$ 为标准正态的概率密度函数，而 $\phi(\cdot)$ 则为标准正态的概率分布函数，Heckman 模型有效的条件就在于 λ 值不为零，且在统计上显著。

4.2.1.2 创新产出

方程（4.4）为创新产出方程，$\ln(Innov_{it})$ 为企业 i 在第 t 年的创新产出的对数，其他变量含义与方程（4.1）、方程（4.2）一样。该方程使用 Tobit 模型进行估计。然而，普通的 Tobit 模型往往存在变量之间潜在的内生性问题，导致估计结果存在偏误；解决内生性问题，常用的方法是采用工具变量。工具变量具备有用性的条件包括：第一，工具变量要与原自变量密切相关；第二，工具变量不直接影响因变量。然而，合适的工具变量选取难度较大，钱学锋等（2013）提出可以采用自变量的滞后项近似作为工具变量，因此，我们也采用这种方法，用资本扭曲的滞后一期项作为工具变量进行估计。

$$\ln(Innov_{it}) = \delta^{(3)}MK_{ct} + \beta^{(3)}x_{it} + \alpha_i^{(3)} + \varepsilon_{it} \tag{4.4}$$

4.2.2 指标构建

我们采用 Wu（2018）的方法测度资本扭曲水平，即使用城市内工业企业资本边际收益产品（MRPK）对数值的方差进行衡量，有资本扭曲（MK_{ct}）= Var（log（$MRPK_{si}$）。然而关键的变量资本边际收益产品（MRPK）并不能从工业企业数据库中直接观察到，而仅能直接观察到资本收益率或者平均资本边际收益产品（ARPK），我们据此计算出 MRPK。

$$MRPK_{it} \equiv \frac{\partial R_{it}}{\partial K_{it}} = \alpha_i(1 - \eta_i)\frac{R_{it}}{K_{it}} \equiv \alpha_i(1 - \eta_i)ARPK_{it} \tag{4.5}$$

应用一阶泰勒变换，则有：

$$logMRPK_{it} \approx logARPK_{it} + \mu_i log\frac{\pi_{it}}{R_{it}} - \eta_i\frac{R_{it}}{\pi_{it}} \tag{4.6}$$

$$logARPK_{it} = \alpha_0 + \alpha_1 \times log\frac{\pi_{it}}{R_{it}} + \alpha_2 \times \frac{R_{it}}{\pi_{it}} + \alpha_3 CI4_{it} + \alpha_4 \times Province_{it} + \xi_{it} \tag{4.7}$$

logMRPK$_{it}$ 通过式（4.7）回归后的残差得到，其中 logARPK$_{it}$ 是企业 i 在 t 年的资本收益率（或称为平均资本边际收益产品）的对数，π 为企业利润，R 为企业收益，CI4$_{it}$、Province$_{it}$ 分别为四位数产业的虚拟变量和省份虚拟变量。式（4.7）蕴含着一个假定，即相同省份的四位数产业的生产技术是一致的，即 $\alpha_3 CI4_{it} + \alpha_4 \times Province_{it}$ 控制企业特质性资本产出弹性 μ_i，而 $\alpha_1 \times \log \frac{\pi_{it}}{R_{it}} + \alpha_2 \times \frac{R_{it}}{\pi_{it}}$ 控制企业特质性需求弹性倒数 η_i。在该假定下，这种方法衡量具有两个优势：第一，这种方法能恰当地控制企业异质性的生产技术和市场力量，并且能够控制产业和地区不可观测的产业和地区属性的影响，因此其能够较好地将企业特质性的资本使用成本提取出来。第二，由于其是从回归的残差得到，天然具有样本均值为零的特征，因而其数值就能够较好地表现出直观的经济含义。

4.2.3　其他变量

4.2.3.1　因变量

（1）研发选择（RD）为二值变量，有研发投资为 1，无研发投资则为 0。研发强度（RDI），用企业研发投资与企业总销售额的比值衡量。

（2）创新产出（Innov），其中专利是最具代表性的衡量方式，Holmes 等（2015）认为专利申请能够更好地反映原始创新，并且限于数据可获得性，我们使用企业专利申请量衡量创新产出。同时，我们还用企业的新产品产值率衡量创新产出，即用企业新产品产值与工业总产值的比重衡量；但是由于 2004 年企业新产品产值数据缺失，我们采用该企业 2003 年与 2005 年新产品产值的平均值代理。

4.2.3.2　企业层面控制变量

企业经营年限（Age），本书采用大多数文章的做法，用年份加一，再减去数据库中企业的开业时间得到。

企业规模（Size），一般而言，规模越大的企业越能够支付产品质量升级的固定成本，能够雇用劳动技能更高的员工，因此出口产品质量也越高；我们用企业销售额与该年同三位数行业企业平均销售额的比值衡量。

企业劳动力质量，该指标由于数据库中没有相应的指标直接表示，参照大多数文献的做法，我们使用企业从业人员平均的工资（包括福利）（lnwage）来代理，在模型中取对数值。

4.2.3.3 城市层面控制变量

需要控制的变量包括，城市科研投入、人力资本、FDI 等因素。城市科研投入（City_ R&D）用全市财政支出中科学支出额代理。人力资本（HC）使用各城市的中学和大学在校人数占总人口的比例衡量。FDI 采用各城市全市当年实际使用外资金额（万美元）与人口数量的比值来衡量。

4.2.4 数据来源

我们的主要研究数据来自 1998 ~ 2007 年中国国家统计局"工业企业统计数据库"和国家知识产权局统计的"中国专利数据库"。"工业企业统计数据库"包括企业层面的行业代码，开业时间、工业增加值、从业人数、工业总产值、企业本年度总工资、企业本年度总福利费、企业研发投入、新产品产值、固定资产年平均余值等数据。另外，该数据库还将企业的损益表和资产负债表的相关内容包括在内，这些信息为计算资本误配置提供了良好的基础。然而，2005 年以前的企业研发投资数据缺失，因此，在实证检验资本误配置对研发投资影响效应中，我们使用的数据区间为 2005 ~ 2007 年。

中国专利数据库是由国家知识产权局统计，包括 1985 ~ 2010 年 559 万条已公开的专利数据，剔除国外申请人后，共 429 万条专利数据。这些数据包括申请者的官方名称、地址、专利的名称、专利的分类等信息。我们以企业名称为基准，将工业数据库与专利数据库进行合并匹配。由于数据存在一定的错漏，我们按照樊海潮等（2015）的方法，按照以下原则剔除不良样本：①企业从业人员数不得少于 10 人。②总资产必须大于流动资产，且大于总固定资产，必须大于固定资产净值。③企业注册码不能缺失且唯一。④企业开业时间必须合理。为了计算城市层面的资本误配置水平，我们根据企业区位代码与企业所在的地级以上城市匹配，剔除数据错漏的企业，我们得到 280 个地级以上城市的数据。其他数据来自《中国统计年鉴》《中国城市统计年鉴》《新中国六十年统计资料汇编》、中经网数据库等。

4.3 实证结果

4.3.1 资本误配置的描述统计

从图 4-1 可以看到中国各城市资本误配置平均值从 1998～2007 年整体发展趋势是下降的，这说明中国的资本误配置状况在此期间有改善的趋势。尤其是2001～2004 年下降较快，可能这是由于中国加入 WTO，外部环境变化带来的冲击在一定程度上促进了产品市场和资本市场的发展，政策制度完善程度有了进一步的提高，从而降低了中国资本误配置的程度，我们的研究结果与大多数已有的研究结论类似。从地区比较来看，东部城市资本误配置程度最低，而西部城市资本误配置程度最高；东部城市资本误配置程度下降的速度最快，这与东部城市的资本市场、产品市场得到较大程度改善有关。

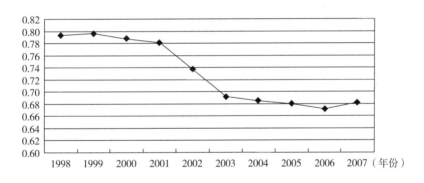

图 4-1 资本误配置平均值发展趋势

4.3.2 资本误配置对研发投资影响的实证检验（2005～2007 年）

我们首先运用 Heckman 两阶段法考察资本误配置对研发投资可能性和强度的影响效应，结果见表 4-1。方程中的逆米尔斯比 λ 均在 1% 的水平上显著，这表明估计样本存在选择性偏差，运用 Heckman 两阶段模型是合理和必要的。

表4-1　资本误配置对企业研发投资影响（Heckman 两阶段法）

	选择方程 （1）	强度方程 （2）	选择方程 （3）	强度方程 （4）
MK	—	—	-0.052*** (-3.411)	-0.018** (-2.285)
Age	0.067*** (4.289)	0.070*** (3.307)	0.065*** (3.612)	0.075*** (3.226)
Size	0.243*** (3.492)	0.194*** (4.521)	0.260*** (4.115)	0.188*** (3.740)
lnwage	0.129*** (3.178)	0.107*** (3.412)	0.133*** (3.276)	0.114*** (2.903)
City_ R&D	0.012 (0.985)	0.014 (1.209)	0.015 (0.824)	0.010 (1.173)
HC	0.035*** (2.688)	0.042*** (3.143)	0.038*** (2.735)	0.067*** (0.000)
FDI	0.032 (0.857)	0.147 (0.063)	0.024 (1.289)	0.125 (0.078)
λ	0.109*** (2.842)		0.117*** (2.955)	
常数	2.382* (1.944)	-0.396*** (-4.353)	1.854*** (2.730)	2.079*** (3.145)
年份哑变量	有		有	
行业哑变量	有		有	
省区哑变量	有		有	
Wald 检验	203.447		219.835	
企业样本	109027	109027	109027	109027

注：括号内为 t 值，*、**、***分别表示在10%、5%、1%水平下显著。

　　表4-1 的结果中显示，城市资本误配置状况对企业研发投资的可能性和强度均显著为负，这表明资本误配置削弱了企业研发投资的可能性和强度。资本误配置表现为创新能力较强的企业无法获得较充足的创新中非常关键的资本要素，而创新能力较弱的企业却拥有较雄厚的资金，从而从总体上抑制了企业进行研发

投资的冲动，降低了企业进行研发投资的可能性和强度。比较来看，资本误配置对于企业研发投资选择的负向作用更为明显，这说明总体而言，资本误配置从选择上就遏制了许多企业进行研发投资，对中国工业企业的创新产生了较严重的负面影响。

企业层面控制变量的系数均显著为正，表明企业的经营年限、规模、人力资本对企业研发投资的选择及强度均存在显著的促进作用，这与已有的大多数研究的结论类似。但城市层面的控制变量却出现了一些差异性的结果，城市科研支出（City_ R&D）系数不呈显著性，我们认为原因在于城市财政中科学支出主要去向是高校和科研院所，其产生的溢出性并未能促进企业研发投入的增加。人力资本（HC）系数在 1% 的水平上显著，且为正；较高的人力资本说明企业员工整体技能较高，能够更好地操作更富技术含量的机器，能够更好地吸收外资企业带来的正外部性，进而能更好地进行技术革新、制度创新等，从而有利于推动企业进行研发投资。FDI 系数也不显著，我们认为原因可能在于 FDI 的进入可能在一定程度上抑制了国内企业的研发投资，导致了挤出效应。

4.3.3 资本误配置对企业创新产出影响的实证检验（1998~2007 年）

4.3.3.1 全样本及分东、中西部城市子样本的实证检验

进一步我们使用 Tobit 工具变量法检验资本误配置对用专利申请量和新产品产值衡量的企业创新产出的影响效应。同时，由于中国地区之间要素禀赋、经济发展水平等存在较大的差异性，为区分这种差异性在资本误配置对企业创新产出的影响过程中的作用，我们将城市分成东部城市和中西部城市，东部城市 103个，中西部城市 177 个，结果报告见表 4-2。

表 4-2 全样本及分东、中西部城市子样本的计量结果（Tobit IV 估计）

	全样本		东部		中西部	
	专利申请量	新产品产值率	专利申请量	新产品产值率	专利申请量	新产品产值率
MK	-0.022 ** (-2.249)	-0.054 *** (-3.625)	-0.009 * (-1.904)	-0.026 * (-1.988)	-0.042 *** (-5.205)	-0.068 *** (-4.392)
Age	0.137 *** (3.687)	0.086 *** (3.169)	0.144 *** (3.548)	0.097 *** (3.466)	0.103 *** (3.390)	0.090 *** (3.835)

续表

	全样本		东部		中西部	
	专利申请量	新产品产值率	专利申请量	新产品产值率	专利申请量	新产品产值率
Size	0.094 ***	0.063 ***	0.086 ***	0.058 ***	0.260 ***	0.188 ***
	(2.477)	(3.045)	(5.079)	(3.632)	(4.115)	(3.740)
lnwage	0.119 ***	0.053 ***	0.124 ***	0.077 ***	0.135 ***	0.082 ***
	(3.561)	(2.784)	(2.801)	(2.903)	(3.446)	(2.873)
City_ R&D	0.046	0.057	0.050	0.059	0.033	0.042
	(1.312)	(1.073)	(0.983)	(1.298)	(0.852)	(1.168)
HC	0.078 ***	0.066 ***	0.091 ***	0.084 ***	0.074 ***	0.065 ***
	(4.197)	(3.925)	(3.032)	(4.276)	(2.924)	(3.037)
FDI	0.032 **	0.019 *	0.044 ***	0.025 **	0.017	0.023
	(2.148)	(1.905)	(2.982)	(2.019)	(1.325)	(0.865)
常数	− 2.230 ***	− 1.364 ***	0.597	− 0.425 ***	− 0.154 **	1.129
	(− 3.227)	(− 2.639)	(1.244)	(− 3.085)	(− 2.049)	(1.508)
年份哑变量	有	有	有	有	有	有
行业哑变量	有	有	有	有	有	有
省份哑变量	有	有	有	有	有	有
ρ 值	0.589	0.673	0.593	0.701	0.577	0.682
似然率	2456.172	2479.289	2558.043	2529.553	2427.645	2410.984
观测值	834369	834369	611497	611497	222872	222872

注：括号内为 t 值，* 、* * 、* * * 分别表示在 10%、5%、1% 水平下显著。

从表 4 - 2 可以得到如下三个结论：

（1）在全样本估计结果中，资本误配置对专利申请量和新产品产值衡量的创新产出均有显著的负面影响作用；而且，对于新产品产值的负向作用更大。我们认为原因在于，创新产出需要较高的固定成本投入，同时，创新活动具有较高的风险性，因此企业创新产出需要有较充足的资本配置；并且将专利投入生产中转化为新产品投放市场，资本投入则更为充裕。故而，有效的资本配置对于创新企业（或者创新能力较强的企业）来说在获得资源方面更具优势地位，使其能够更好地制定可行的创新战略，并且能够更好地将创新思想商品化。然而，在中国，不合理的制度安排、产品市场和资本市场的不完善带来了资本误配置，较为严重的资本误配置状况对资本往创新能力强的企业重新配置产生了阻碍作用，导致一些创新能力较强的企业难以获得较充足的资本；相反，一些创新能力弱但更具有垄断力量的企业却获得了较充足的资本，从而总体上降低了企业的创新产出水平。

（2）分地区来看，资本误配置对东部城市和中西部城市企业的创新产出均存在显著的负向效应，且在中西部城市，这种负向的影响作用显著性更强。经过改革开放几十年的努力，东部城市的产品市场、资本市场得到了巨大的发展，政策扭曲的程度也得到较好的改善，资本误配置的程度相对较低。同时，由于东部城市有较高的地区科研投入、人力资本积累、较完善的基础设施、较突出的 FDI 集聚，这些因素共同作用，使得资本误配置对企业创新产出的负向影响效应相对较小。也就是说，在中国，东部城市在将资本要素配置往创新企业更为成功，使其能够更好地制定可行的创新战略，能够更好地将创新思想商品化，从而在总体上更好地促进了东部城市企业的创新产出。但在中西部城市，产品市场和资本市场发育程度都相对较低。

（3）对于专利申请量和新产品表征的企业创新产出，企业层面控制变量的系数大部分呈显著性，且为正；表明企业的经营年限越长、规模越大、人力资本越雄厚，用专利申请量和新产品表征的企业创新产出也越高。城市科研支出（R&D）系数不呈显著性，我们认为原因在于城市财政中科学支出主要去向是高校和科研院所，而高校和科研院所进行的研究更多是基础性的、产业化程度较低、短期内并不能直接地反映在推动企业创新产出上；这也表明，有必要积极地促进高校和科研院所研究成果的产业化，以促进我国企业创新产出。人力资本（HC）系数显著为正；较高的人力资本能更好地进行技术革新、制度创新等，有利于企业创新产出。FDI 系数在中西部城市不显著，原因可能在于由于中西部城市吸收能力较弱，未能较好地将 FDI 的技术溢出转化为城市技术创新产出；而在东部城市，由于吸收能力较强，吸收的 FDI 溢出较好地推动了城市创新产出。

4.3.3.2　按企业所属行业的外部资金依赖程度分组计量结果

企业创新资金很大一部分需来自企业外部，资本误配置水平有可能对不同资金外部依赖行业的企业创新有差异化的影响，为此，我们采用 Rajan 和 Zingales

（1998）衡量外部资金依赖程度的方法，将企业按所属行业外部资金依赖程度，分成低资金外部依赖行业和高资金外部依赖行业[①]，检验结果见表 4 - 3。

表 4 - 3　按企业所属行业的外部资金依赖程度分组计量结果（Tobit IV 估计）

	低资金外部依赖行业		高资金外部依赖行业	
	专利申请量	新产品产值率	专利申请量	新产品产值率
MK	-0.012 (-0.974)	-0.009 (-1.556)	-0.066*** (-2.782)	-0.081*** (-3.348)
Age	0.117*** (3.492)	0.074*** (3.558)	0.137*** (3.687)	0.086*** (3.169)
Size	0.088*** (6.273)	0.059*** (6.180)	0.073*** (5.816)	0.061*** (5.724)
lnwage	0.125*** (4.547)	0.067*** (2.618)	0.106*** (3.743)	0.084*** (3.351)
City _ R&D	0.033 (1.482)	0.052 (1.649)	0.039 (1.537)	0.054 (1.211)
HC	0.072*** (4.565)	0.064*** (4.281)	0.065*** (4.462)	0.060*** (3.728)
FDI	0.018*** (2.812)	0.015*** (3.107)	0.022*** (3.247)	0.019* (1.905)
常数	1.792 (0.398)	-1.024* (-1.933)	2.007*** (3.692)	0.652 (1.308)
年份哑变量	有	有	有	有
行业哑变量	有	有	有	有
省份哑变量	有	有	有	有
ρ 值	0.680	0.692	0.544	0.607
似然率	2593.021	2688.359	2635.267	2691.705
观测值	403821	403821	430548	430548

注：括号内为 t 值，*、**、***分别表示在 10%、5%、1% 水平下显著。

---

①　参照 Rajan 和 Zingales（1998）研究，以 0.35 为分类基准值，将工业分成低资金外部依赖行业（食品、烟草和饮料、纺织品、纺织制品、皮革和鞋类、木材、纸张、纸制品、印刷品及出版产品、基本金属及金属制品）和高资金外部依赖行业（化工和非金属矿物制品、机械设备、运输设备、电气和光学设备、其他制造业、循环产业）。

从表 4-4 报告的结果可以看到，资本误配置对于高资金外部依赖行业的企业创新产出有显著为负的影响，对低资金外部依赖行业的企业创新产出的影响不显著。这主要是由于资本误配置主要影响企业的外部融资，尤其是政策扭曲和资本市场不完善导致一些创新能力较强，但对资金外部依赖程度较高的企业难以获得外部资金支持，阻碍了资金从非创新企业（或从创新能力较弱的企业）重配置往创新企业（或创新能力较强的企业），从而不利于这些企业的创新产出，而对于那些低资金外部依赖程度的企业创新产出影响不明显。

表 4-4　按企业所有权属性分组计量结果（Tobit IV 估计）

	私营企业		国有企业		外资企业	
	专利申请量	新产品产值率	专利申请量	新产品产值率	专利申请量	新产品产值率
MK	-0.093 *** (6.287)	-0.125 *** (5.043)	0.021 (1.365)	0.016 (0.757)	0.002 (0.688)	0.004 (1.182)
Age	0.109 *** (4.154)	0.056 *** (3.285)	0.035 (1.274)	0.023 (1.432)	0.127 *** (3.937)	0.103 *** (3.420)
Size	0.134 *** (4.258)	0.022 *** (7.662)	0.070 * (1.921)	0.017 * (1.838)	0.183 *** (2.930)	0.076 *** (3.072)
lnwage	0.083 *** (2.764)	0.067 *** (3.456)	0.046 *** (2.923)	0.033 *** (2.784)	0.104 *** (4.178)	0.087 *** (3.264)
City _ R&D	0.025 (1.437)	0.020 (1.227)	0.039 (1.438)	0.042 (1.052)	0.072 (1.087)	0.058 (0.872)
HC	0.097 *** (4.330)	0.054 *** (3.462)	0.061 *** (3.529)	0.047 *** (3.490)	0.078 *** (4.197)	0.066 *** (3.925)
FDI	0.041 *** (2.826)	0.027 ** (2.199)	0.018 ** (2.039)	0.011 ** (2.124)	0.032 ** (2.148)	0.019 * (1.905)
常数	1.730 (1.426)	2.205 * (1.863)	-1.368 *** (-2.792)	-0.899 *** (-4.125)	-2.230 *** (-3.227)	-1.364 *** (-2.639)
年份哑变量	有	有	有	有	有	有
行业哑变量	有	有	有	有	有	有
省份哑变量	有	有	有	有	有	有
ρ 值	0.532	0.551	0.527	0.542	0.589	0.673
似然率	2580.268	2511.324	2462.891	2486.747	2456.172	2479.289
观测值	804352	103279	19485	19485	10532	10532

注：括号内为 t 值，*、**、*** 分别表示在 10%、5%、1% 水平下显著。

4.3.3.3 按企业所有权属性分组计量结果

资本误配置仅对私营企业创新产出产生了显著的负向效应，对国有企业和外资企业的创新产出均无显著的影响作用。钱学锋等（2016）认为中国长期存在国有偏向型政策，在国内市场上，国有企业相对于私有企业而言，在信贷、市场准入、补贴等诸多方面都享受了偏向型政策优惠。Poncet，Steingress 和 Vandenbussche（2010）认为中国的民营企业面临借贷约束而无法获取足够的资金支持，而国有企业则不受影响。Song，Storesletten 和 Zilibotti（2011）研究表明低生产率的国有企业因为信用易获得而得以继续生存，另外，高生产率的民营企业不得不依靠自身的内部积累而进行发展。Brandt，Biesebroeck 和 Zhang（2012）研究认为中国国有企业为了保持高工资高福利，倾向于借贷和投资，导致资本误置加重。鄢萍（2012）则认为民营企业面临的边际利率要远远高于国有企业，国有企业面临的低利率使得它们有能力在其资本的边际产出相对其他类型企业较低的时候也能够占据很多的社会资本，由此打破按照资本的边际产出相等在企业间配置资本的原则。然而，与国有企业拥有较突出的资本配置形成鲜明对照的是国有企业那并不具备优势的创新绩效。吴延兵（2012）的研究结果表明，民营企业在创新投入和专利创新效率上处于领先地位，而国有企业在创新投入、创新效率和生产效率上均缺乏竞争力。

4.4 加入 WTO 的准自然实验的检验

加入 WTO 后，中国的资本市场和产品市场经历了较大程度的外部冲击，正如前文分析，加入 WTO 后，中国的资本误配置水平有显著的变化，其可被视为一次准自然实验。为了检验加入 WTO 通过影响资本误配置水平产生的对企业创新产出的影响，我们在周茂等（2016）方法的基础上将资本误配置水平加以考虑，构建倍差法模型，有：

$$\ln\text{Innov}_{it} = \beta_0 + \beta_1 \text{MK}_{ct} \times \text{Tariff}_{c,01} \times \text{post}_{02_t} + \beta_2 \text{MK}_{ct} + \beta_3 \text{Tariff}_{c,01} \times \text{post}_{02_t} + \varphi X + D_c + D_{pt} + \varepsilon_{it} \tag{4.8}$$

模型中，MK_{ct}是各城市的资本误配置程度，本书引入其用来作为加入 WTO 这一重要事件处理强度；$Tariff_{c,01}$为每个城市在 2001 年的进口关税；$post_{02_t}$为虚拟变量，2002 年以前为 0，否则为 1；X 为控制变量，用来控制影响企业创新产出的其他因素；D_c为城市固定效应，用来控制不可观测的城市方面的影响因素对企业创新的影响效应；D_{pt}为省份固定效应与时间固定效应的交互项，用于控制省份及时间不可观测的交互作用的影响效应。其中，$Tariff_{c,01}$的计算公式如下：

$$Tariff_{c,01} = \frac{\sum_i Sales_{ic01} \times Tariff_{i,01}}{\sum_i Sales_{ic01}} \qquad (4.9)$$

其中，$Sales_{ic01}$为城市 c 行业 i 的销售值，$Tariff_{i,01}$为 2001 年行业 i 的进口关税，计算方法为 i 行业中 HS6 位的关税进行简单平均得到，进而以各城市的以销售值衡量的产业结构为权将产业层面的关税进行加总得到城市层面的关税。系数 β_1可以用于抓住加入 WTO 关税变化通过影响城市资本误配置水平产生的对企业创新产出的影响效应。

Tobit 工具变量倍差法估计结果见表 4-5，关键变量的系数 β_1 对于专利申请量和新产品产值率均显著为正，且 β_2 也均显著为负，这说明加入 WTO 显著地通过降低各城市的资本误配置水平提升了所属企业的专利申请量和新产品产值率表示的创新产出。比较东部城市和中西部城市系数 β_1 大小，可以发现，东部城市的系数 β_1 明显大于中西部城市，表明东部城市加入 WTO 通过降低资本误配置水平带来的创新产出的增加要明显大于中西部城市。

表 4-5　加入 WTO 的自然实验检验（Tobit Ⅳ—DID 估计）

	东部城市		中西部城市	
	专利申请量	新产品产值率	专利申请量	新产品产值率
$MK \times Tariff_{c,01} \times post_{02_t}$	0.042 *** (4.713)	0.033 *** (3.925)	0.025 *** (5.066)	0.017 *** (4.213)
MK_{ct}	-0.008 ** (-2.249)	-0.020 ** (-2.383)	-0.019 *** (-4.974)	-0.034 *** (-3.548)

续表

	东部城市		中西部城市	
	专利申请量	新产品产值率	专利申请量	新产品产值率
$Tariff_{c,01} \times post_{02_t}$	0.059*	0.028**	0.021***	0.009***
	(1.988)	(2.270)	(6.253)	(4.650)
Age	0.144***	0.097***	0.103***	0.090***
	(3.548)	(3.466)	(3.390)	(3.835)
Size	0.086***	0.058***	0.260***	0.188***
	(5.079)	(3.632)	(4.115)	(3.740)
lnwage	0.124***	0.077***	0.135***	0.082***
	(2.801)	(2.903)	(3.446)	(2.873)
City_R&D	0.050	0.059	0.037	0.042
	(0.983)	(1.298)	(0.852)	(1.168)
HC	0.091***	0.084***	0.068***	0.053***
	(3.032)	(4.276)	(3.763)	(4.177)
FDI	0.044***	0.025**	0.020	0.028
	(2.982)	(2.019)	(1.436)	(1.107)
常数	0.597	-0.425***	-0.154**	1.129
	(1.244)	(-3.085)	(-2.249)	(1.508)
年份哑变量	有	有	有	有
行业哑变量	有	有	有	有
省份哑变量	有	有	有	有
ρ 值	0.714	0.735	0.707	0.729
观测值	611497	611497	222872	222872

注：括号内为 t 值，*、**、***分别表示在10%、5%、1%水平下显著。

4.5 结论与政策启示

有效的资本配置对于创新企业（或者创新能力较强的企业）来说能够更好地获得资源，使其能够更好地制定可行的创新战略，能够更好地将创新思想商品化，而资本误配置将使得这一机制失效。不合理的制度安排、产品市场和资本市场的不完善导致了资本误配置。本书在利用"回归法"测度 280 个地级以上城市资本误配置水平的基础上，采用中国工业企业数据和国家知识产权局企业专利申请数据，使用 Heckman 两步模型和 Tobit 工具变量法考察了资本误配置对企业的研发投资可能性、强度及对创新产出的影响效应。结论表明，资本误配置从总体上抑制了企业进行研发投资的冲动，降低了企业进行研发投资的可能性和强度；比较来看，资本误配置对于企业研发投资选择的负向作用更为明显。资本误配置对专利申请量和新产品产值衡量的创新产出均有显著的负面影响作用；而且，对于新产品产值的负向作用更大。分地区来看，资本误配置对东部城市和中西部城市企业的创新产出均存在显著的负向效应，且在中西部城市，这种负向的影响作用显著性更强。资本误配置对于高资金外部依赖行业的企业创新产出有显著为负的影响，对低资金外部依赖行业的企业创新产出的影响不显著；资本误配置仅对私营企业创新产出产生了显著的负向效应，对国有企业和外资企业的创新产出均无显著的影响作用。加入 WTO 在一定程度上降低了资本误配置水平，进而总体上促进了企业技术创新产出，尤其在东部城市表现得尤其突出。

本章的研究结论蕴含丰富的政策含义：首先，加快资本市场和产品市场改革，拓宽企业融资的渠道，要继续完善金融市场尤其是推动针对企业创新的种子基金和风险基金的建立和发展，对于资本误配置程度较深的中西部城市，更是需要进一步推进资本市场的改革。其次，改变原有的偏向国有企业的资本支持政策，改革为根据企业的创新能力进行资金支持，让更多真正具有较强创新意愿和创新能力的私营企业能够获得较充足的资本。最后，继续推进改革开放，以进一步发挥对外开放带来的外部冲击对中国要素市场正向影响的作用。

第5章 企业间要素重置能否提升中国制造业的生产率

改革开放 40 多年来，中国经济迅速崛起，其中制造业的发展被证明在其中发挥了非常突出的作用。近些年来，出现了大量研究制造业生产率增长的文献，这些文献大都是从创新和技术进步的角度研究制造业生产率增长的原因。正如 Petrin 等（2011）所说，总量生产率的提升可以在不增加新投入的情况下，通过以下渠道得以实现：第一种渠道可以通过企业创新或者学习、模仿其他先进企业达到目的；第二种渠道是稀缺的资源重配向更有价值的市场活动，即要素重配，从而实现总量生产率的提升。第一种渠道被国内大量文献证明是有效和客观存在的；相比而言，从第二种渠道的视角入手研究制造业增长的文献非常稀缺。事实上，在内外因素的影响下，诸如资本、劳动力、企业家、中间投入等稀缺性的生产要素一旦从低价值的市场活动重配向高价值的市场活动，这必将带来总量生产率的提升。被提及最多的要素重配就是发生在如熊彼特所称的"创造性破坏"的企业进入、退出市场过程中，在此过程中，要素的重配非常剧烈，以此所带来的总量生产率的变动也较为显著。因此，有必要研究在中国环境下，要素重配对总量生产率的影响效应，这可以进一步拓宽研究生产率增长的思路。

5.1 文献综述

关于要素重配的实证研究，最早由 Baily 等（1992）提出，他们研究发现持续经营的那些高生产率企业成为美国工业生产率增长的最重要原因，然而，进入、退出作用相对较小。Foster 等（2001）研究表明要素重配的影响效应占了制造业生产率增长的一半左右，其中净进入效应在中、长期表现尤为重要。在加拿大，Baldwin（1995）发现，19 世纪 70 年代，企业间要素重配可以解释加拿大40% ~ 50% 生产率增长，约有 37% 的工人从退出市场的企业中重配往新进入企业和扩张企业。Levinsohn 和 Petrin（1999）发现，要素重配解释了智利 1979 ~ 1986年行业生产率增长的大部分。Aw 等（2014）研究发现，台湾省企业的进入、退出效应是行业生产率的重要来源。基于 1976 ~ 1996 年美国的制造业数据，Petrin等研究发现，这 20 余年里，在美国，要素综合重配效应比加总技术效率提升对总量生产率的增长做出了更大的贡献；要素重配的贡献每年为 1.7% ~ 2.1% ，而技术效率提升的贡献每年仅为 0.2% ~ 0.6% 。

　　Carreira 和 Teixeira（2011）更是建立新熊彼特模型研究了企业进入、退出市场机制对产业生产率增长的影响作用，他们研究核心的假设是新进入企业可以通过增加市场竞争压力和生产率水平从而促进行业生产率提高；他们研究发现，退出和产出收缩主要是发生在低生产率企业，产出扩张和进入主要是生产率更高的企业行为，市场压力主要是由新进入企业所导致，这些行为促进了加总生产率的提高。然而 Osotimehin（2011）在研究经济周期过程中，却发现了不同的结果，他使用法国企业层面的数据，研究发现在经济衰退期间，在位企业之间要素重配改善了市场加总生产率，使其波动减轻，然而，他的研究并没有发现经济循环中，进入、退出行为对加总生产率的提升作用。

　　由于存在大量不完善的制度体制、政府政策和市场的不完全等扭曲市场的因素，这些因素的存在提高了企业进入和退出市场的壁垒，也阻碍了要素在企业间的自由重配。Hsieh 和 Klenow（2009）研究发现，如果中国的市场扭曲程度降低到美国的水平，那么中国的制造业全要素生产率将提升 30% ~ 50% 。简泽（2011）利用中国几个代表性产业的研究也发现，资源配置扭曲解释了企业间基本生产率差异和全要素生产率差异的实质性部分，并导致了总量层面 40% 以上的全要素生产率损失。改革开放一个非常重要的目的就是要逐步降低市场扭曲的程度，建立日益完善的要素市场，最终达到企业能够自由进入和退出、要素能够自由流动的理想化水平。当然，我们目前离此理想化的目标还非常的遥远。本书的研究目的，就是要分析在当今中国经济、社会转轨的过程中，在市场扭曲程度较高的情况下，企业间的要素重配效应对制造业生产率增长的作用。

5.2 研究方法

国内仅有的分析企业间要素重配的文献都是基于 BHC 方法，如李玉红、王皓、郑玉歆（2008），聂辉华、贾瑞雪（2011），这种方法虽然简单，但是经 Khont 和 Narita（2009）研究发现 BHC 方法得出的要素重配效应结果不尽理想，并且该方法并不能分析劳动力、资本和中间投入这些具体的生产要素在微观企业间的重配效应，也难以分析外界因素对要素重配效应的具体影响。而 Petrin 和 Levinsohn（2010）提出，可以将企业总量的生产率增长表示为最终需求的变动与花费在加总初始投入的成本变动之间的差值，基于此，企业的要素重配效应与技术效率变动将共同被纳入总量生产率的分析框架中，而且此框架还可以将劳动力、资本、中间投入的重配效应分解出来。

5.2.1 基础模型

我们设定企业生产函数为柯布—道格拉斯形式，生产要素包括初始投入——资本（K）和劳动力（L），中间投入（M），于是有：

$$Y_i = P_i Q_i = A_i K_i^{\beta_k} L_i^{\beta_l} M_i^{\beta_m} \tag{5.1}$$

其中，Y_i 为企业 i 的总产出，Q_i 为企业产出量，P_i 为企业产品的价格，则由企业 i 导致的最终需求可以用式（5.2）来表达：

$$T_i = P_i Q_i - P_i^m M_i \tag{5.2}$$

其中，P_i^m 是中间投入的价格。从这里我们可以看到，企业导致的最终需求正好也等于企业增加值，于是下文我们用增加值（VA）来代替企业导致的最终需求，则有式子：

$$VA_i = P_i Q_i - P_i^m M_i \tag{5.3}$$

根据 Petrin 和 Levinsohn（2010），总量生产率增长（APG）等于最终需求的变动与花费在加总初始投入的成本变动之间的差异。

$$APG = \sum_i dVA_i - \sum_i \sum_k W_{ik} dX_{ik} \tag{5.4}$$

其中，W_{ik} 等于第 k 种初始投入的单位成本，dX_{ik} 表示 i 企业初始投入的变动。将式（5.4）变换成增长率形式，则有：

$$APG_G = \sum_i \frac{dVA_i}{VA} - \sum_i \sum_k \frac{W_{ik} dX_{ik}}{VA_i} = \sum_i \frac{P_i dQ_i}{VA} - \sum_i \frac{P_i^m dM_i}{VA} - \sum_i \sum_k \frac{W_{ik} dX_{ik}}{VA}$$

$$= \sum_i \frac{P_i dQ_i}{VA} - \sum_i \sum_k \frac{W_{ik} dX_{ik}}{VA} \tag{5.5}$$

其中，$k \in (K, L, M)$，这将初始投入和中间投入品包括进去，而且有 $W_{im} = P_i^m$，有 $X_{im} = M_i$；$VA = \sum VA_i$。

将式（5.5）变为对数形式，并考虑企业的进入、退出效应[①]，则有：

$$APG_G = \sum_{i \in S} D_i d\ln Q_i - \sum_{i \in S} D_i \sum_k s_{ik'} d\ln X_{k'} + dNE \tag{5.6}$$

其中，$D_i = \dfrac{P_i Q_i}{\sum_{i=1}^N VA_i}$，为企业 i 的产值与加总的企业增加值的比值，该权的

计算方法由 Domar（1961）提出，故称之为 Domar 权；另外，$s_{ik'} = \dfrac{W_{ik'} X_{ik'}}{P_i Q_i}$，为

企业 i 第 k′ 种投入占用的成本与企业产值的比值；企业集合 S 为在位企业集合；NE 表示净进入效应（进入效应与退出效应之差）。

根据 Petrin 和 Levinsohn（2010）的方法进行分解，则式（5.5）又可以分解为式（5.7）：

$$\sum_i \sum_{k'} \left(P_i \frac{\partial Q_i}{\partial X_{k'}} - W_{ik'} \right) dX_{ik'} + dA_i \tag{5.7}$$

其中，$\partial Q_i / \partial X_k$ 为产出分别对生产要素（K，L，M）求偏导数，即为企业要素的边际产品；$W_{ik'}$ 为要素价格，即为要素的边际成本。式（5.7）表明在这种设定下，如果满足每个企业的边际产品等于边际成本这个条件，那么这时要素已经达到了最优配置，也就是说，进一步的要素重配并不会促进总量生产率的增长。但是，如果市场上存在市场势力或者市场摩擦力（比如市场调整成本、税收

[①]　在进入之前和退出之后，其工业增加值 VA 均为 0，而 0 取对数是没有意义的，因此我们将进入、退出效应单列开来，并应用特定的符号来表示。

等）可能使得边际产品与边际成本相背离的因素存在，则投入要素的重新配置就将会带来总量生产率的变动。结合式（5.6）、式（5.7），并改写成对数化增长率的形式，则有：

$$APG_G = \sum_i D_i \sum_{k'} (\varepsilon_{ik'} - s_{ik'}) dlnX_{ik'} + \sum_i D_i dlnA_i + dNE \qquad (5.8)$$

其中，$\varepsilon_{ik'}$ 为企业各要素的产出弹性，根据生产函数设定，于是有 $\varepsilon_{ik'} = \beta_{k'}$。式（5.8）中右边的第一项为总量要素重配效应，其中用（$\varepsilon_{ik'} - s_{ik'}$）可以抓住要素的边际生产率与单位成本之间的差异。通过将各要素的重配效应进行分解，可以更好地研究各要素的重配效应对总量生产率的贡献，也能更好地研究经济活动、政府政策对各要素的影响作用。第二项为总量技术效率的变动，技术效率的变动可以通过式（5.9）来计算：

$$lnA_i = lnY_i - \sum_{k'} \beta_{k'} lnX_{ik'} \qquad (5.9)$$

5.2.2　动态研究框架

由于企业要素重配是一个动态的、连续的过程，一些企业在市场竞争中，产量逐渐削减，直至退出市场；而另一些生产率较高，产品适销对路的企业则进入市场；同样，在位企业中，从事价值较低的市场活动、竞争力较弱的企业则产能萎缩，其劳动力、资本、中间投入重配往其他企业，从而影响总量的生产率变动。因此，要真正研究企业的要素重配必须要将时间效应考虑进此过程中。然而，我们各年份的数据都仅仅是离散形式，为了能使用这些离散的数据分析动态的连续过程，参照 Hulten（2008）的方法，使用 Tornqvist 逼近，就可以实现这一目标。

我们将企业分成在位、进入和退出三种类型，企业的进入和退出行为是一种突变式的行为，但是它如我们上文分析的那样，这必然会给总量生产率带来技术效率变动和要素重配的影响。将时间 t 考虑进上文的要素重配的实证模型（5.6）中，从而建立一个新的动态研究框架，并使用 Tornqvist 逼近，则有：

$$APG_{G,t} = \int_{t-1}^t dPL = \int_{t-1}^t \sum_{i \in S} D_i dlnQ_i - \int_{t-1}^t \sum_{i \in S} D_i \sum_{k'} s_{ik'} dlnX_{ik'} + \int_{t-1}^t dNE$$

$$\approx \sum_{i \in S} \overline{D}_{it} \Delta lnQ_{it} - \sum_{i \in S} \overline{D}_{it} \sum_{k'} \overline{s}_{ik't} \Delta lnX_{ik'} + \int_{t-1}^t dNE \qquad (5.10)$$

其中，$\overline{D}_{it}$ 表示 t−1 期到 t 期的 Domar 权的权值平均，即 $\overline{D}_{it} = \dfrac{D_{it} + D_{i,t-1}}{2}$，其中 $D_{it} = \dfrac{P_{it}Q_{it}}{VA_t}$，$VA_t = \sum\limits_i VA_{it}$；$\overline{s}_{ik't}$ 表示 t−1 期到 t 期的权值平均，有 $\overline{s}_{ik't} = \dfrac{s_{ik't} + s_{ik',t-1}}{2}$，其中：$s_{ik't} = \dfrac{W_{ik't}X_{ik't}}{P_iQ_i}$；$\Delta$ 表示变量在 t 期与 t−1 期的差值。继续在式（5.10）基础上，将企业的进入、退出行为考虑进去，使用 Tornqvist 逼近可以有：

$$APG_{G,t} = \int_{t-1}^{t} dPL \approx \sum_{i \in S_t} \overline{D}_{it}\Delta \ln Q_{it} - \sum_{i \in S_t} \overline{D}_{it} \sum_{k'} \overline{s}_{ik't}\Delta \ln X_{ik't} +$$
$$\sum_{i \in E_t} D_{it}\Big[1 - \sum_{k'} s_{ik't}\Big] - \sum_{i \in X_{t-1}} D_{i,t-1}\Big[1 - \sum_{k'} s_{ik',t-1}\Big] \quad (5.11)$$

其中，E 为进入企业集合，X 为退出企业集合；使用分解式（5.8），则式（5.11）可以变为：

$$APG_{G,t} \approx \sum_{i \in S_t} \overline{D}_{it}\Delta \ln A_{it} + \sum_{i \in S_t} \Big[\overline{D}_{it}\varepsilon_{ik'} - \overline{c}_{ik't}\Big]\Delta \ln X_{ik't} +$$
$$\sum_{i \in E_t} \Big[D_{it} - \sum_{k'} c_{ik't}\Big] - \sum_{i \in X_{t-1}} \Big[D_{i,t-1} - \sum_{k'} c_{ik',t-1}\Big] \quad (5.12)$$

其中，$c_{ik't} = \dfrac{W_{ik't}X_{ik't}}{VA_t} = \dfrac{P_iQ_i}{VA_t} \times \dfrac{W_{ik't}X_{ik't}}{P_iQ_i} = D_{it} \times s_{ik't}$；$\overline{c}_{ik't} = \dfrac{c_{ik't} + c_{ik',t-1}}{2}$。

5.3　数据、变量及计算方法

5.3.1　数据来源及数据处理

本书的数据来自 2002~2007 年中国国家统计局"工业企业统计数据库"，每年 18 万~33 万元企业观测值，该数据库将全部国有及年收入 500 万元以上的非国有工业企业包括在内。为了本书的研究目的，我们在此数据库中选择各年的制造业企业。从 2003 年开始，我国采用新的行业分类标准，幸运的是，2003 年前后制造业的行业类别之间相差不大。出于统一研究的口径的需要，我们将工艺品及其他制造业和废弃资源和废旧材料回收加工业这两个行业剔除，共计 28 个行业。

由于统计过程的问题，数据库中的某些数据存在一定的错漏，比如记录中某些企业的从业人员数、工业总产值、固定资产净值年平均余额、中间投入数据值为负数或者零值，这显然存在错误，故我们将存在这些情况的企业剔除。除此以外，我们将工业增加值为负的样本也排除在外，将工业增加值大于工业总产出的企业也不列入考虑的行列中。由于很多小企业没有建立完善的会计制度，往往导致其会计账目出现错误，因此为了更好地去除这些错漏数据的影响，我们将企业人数少于 10 人的样本也剔除在外。表 5 - 1 描述了数据处理前后的企业数比较情况，可以看到，异常值仅占行业调整后数据的 3.3% ~ 8.8%，故我们得到的有效观测值占企业观测值的绝对比重，具有相当高的代表性。

表 5 - 1 数据处理前后企业数的比较情况

处理步骤	2002 年	2003 年	2004 年	2005 年	2006 年	2007 年	合计
行业调整后（1）	160140	178860	243606	245930	272989	305978	1407503
异常值剔除后（2）	145968	167104	224525	234780	261827	295283	1330187
（2）/（1）	0.9115	0.9342	0.9217	0.9547	0.9591	0.9673	0.9451

我们采用覆盖 6 年的时间序列数据，该数据经过整理后可以反映出中国制造业企业诸如在位经营、进入、退出、要素重配的动态过程。运用 PL 方法使用企业数据研究要素重配，最大的难点之一就是处理数据，我们使用了具有强大处理数据功能的计量软件 Stata10.0，对各年份的数据进行合并、处理，从而构建了一个数目多达 130 余万企业观测值，涉及 28 个两位数制造业行业的非平衡面板数据集。

根据已有文献的做法，企业的法人代码可以用来识别企业的进入、退出、在位经营状况，一般可以认为企业法人代码在 t - 1 期没有出现，而在 t 期出现，则被认为是企业进入市场；在 t - 1 期出现，但是在 t 期消失，则被认为是企业退出市场。但是，事实上实际情况远比这复杂得多，这主要是我们的数据库只将全部国有及年收入 500 万元以上的非国有工业企业收入在内，一旦某个非国有工业企业年收入低于 500 万元，那么这个企业将被排除在数据库外，这时该企业将被我们视为退出市场，或者未进入市场，诸如此类的问题必将造成所谓的"虚假"的进入、退出。但是为了简化问题，我们跟聂辉华、贾瑞雪（2011）一样，考虑一般情况，只要企业法人代码在 t - 1 期没有出现，而在 t 期出现，则被认为是企业进入市场；在 t - 1 期出现，但是在 t 期消失，则被认为是企业退出市场（见表 5 - 2）。

表 5 - 2　企业进入、退出、在位经营状况

时期	2003 年	2004 年	2005 年	2006 年	2007 年
进入企业数	48392	111334	50855	53515	59933
退出企业数	27261	53931	40575	26476	26480
在位企业数	118712	113190	183925	208312	235350

5.3.2　变量定义

数据库记录了企业的法人代码、工业增加值、行业代码、年份、固定资产、从业人员数等。我们研究中所需要的企业产品价格（P_i）、劳动力单位工资（W_1）、中间产品单位价格（P_j）在数据库中并没有记录，然而，数据库中对应的工业总产值（P_iQ_i）、工业增加值（VA_i）、应付工资和福利费、中间总投入数据（P_jM_{ij}）均存在，这些数据将各种因素包括在其中。

我们用劳动力报酬表示劳动力工资（W_1X_1），其等于应付工资和福利费总额之和，并以各年居民价格指数进行平减。工业总产值、工业增加值均以 2002 年为基期，其余年份以该年的出厂价格指数进行调整而得。

企业资本（X_2），最好采用永续盘存法进行计算；然而，在用永续盘存法进行计算的时候需要把握基期年、投资价格指数和折旧率，而国内相关的数据资料非常的缺乏；另外，数量非常庞大的企业观测值使得这一问题的处理变得非常复杂，因此，本书参考钱学峰等的做法，用各企业的固定资产净值年平均余额进行衡量，并且以 2002 年为基期，用固定资产价格指数调整得到。数据库中资本的租金成本没有报告，而且我国的年均利率难以得到，因此我们参照 Hsieh 和 Klenow（2009）的做法，采用 5% 的年均利率加上 5% 的折旧作为资本的租金价格

（W_2），用租金价格（10%）乘于固定资产净值年平均余额得到资本成本（W_2X_2），并用价格指数进行平减。

工业企业数据库并没有记录各种企业中间投入（诸如能源、原料等）的量（M_{ij}）及其价格（P_j），而只报告了企业中间投入的总值（P_jM_{ij}），因此，为了能够更好地解决问题，我们假设工业企业的中间投入是同质的，也就是说在我们的假设中，工业企业的中间投入只有一种（M_{il}），且假设同一企业的中间投入在各年份价格（P^i）保持不变。在这种假设的前提下，则有 $\Delta lnM_{il} = \Delta lnP^iM_{il}$，这时，我们可以直接使用数据库上有记录的企业中间投入总值代替企业中间投入量，并用原材料、燃料、动力购进价格指数进行平减[1]。而且，由于2004年数据库并没有记录企业的工业增加值和工业总产出，我们参照刘小玄等（2008）的方法计算得到2004年的企业工业增加值[2]。

5.3.3 计算方法

由于产出弹性的估计跟生产函数的形式和估计的方法有关，我们针对生产函数式（5.1），估计使用 OLS 方法对各个两位数行业进行估计，从而取得各个行业要素弹性 ε_j。

于是采用总值形式的企业技术效率可以用式（5.13）得出：

$$\ln A_{it} = \ln Y_{it} - (\hat{\varepsilon}_{jl}\ln L_{it} + \hat{\varepsilon}_{jk}\ln K_{it} + \hat{\varepsilon}_{jM}\ln M_{it}) \tag{5.13}$$

在该式中，要素产出弹性 $\varepsilon_{jk'}$ 是在企业所在的两位数行业 j 进行估计所得。

根据总量生产率增长的分解公式（5.12）则有：

（1）$\sum_{i \in S_t} \overline{D}_{it}\Delta\ln A_{it}$ 为在位企业的技术效率变动，在位企业的技术效率变动引起了总量生产率的提升。

（2）$\sum_{i \in S_t} [\overline{D}_{it}\varepsilon_{ik'} - \overline{c}_{ik't}]\Delta\ln X_{ik't}$ 为在位企业的要素重配效应，这其中分为劳动力重配、资本重配和中间投入重配；这三种要素在在位企业之间进行重配，此过

---

① 聂辉华、贾瑞雪（2011）也使用这种方法进行处理。

② 计算公式为：企业工业增加值 = 当年销售收入 + 期末产成品 - 期初产成品 - 中间投入 + 当年增值税额；企业工业总产出 = 企业工业增加值 + 中间投入。在公式中，基本上各指标都能在数据库中查询到，从而进一步计算得到企业工业增加值。

程也导致了总量生产率的变动。

（3）$\sum_{i \in E_t} \left[D_{it} - \sum_{k'} c_{ik't} \right]$ 为进入效应，这反映了企业进入引起的要素重新配置对总量生产率的影响。

（4）$\sum_{i \in X_t} \left[D_{i,t-1} - \sum_{k'} c_{ik't-1} \right]$ 为退出效应，这反映了企业的退出导致的要素重配对总量生产率的影响。

（3）－（4）为净进入效应；（2）＋（3）－（4）为要素重配综合效应。

5.4　实证结果与分析

5.4.1　全样本实证结果

根据式（5.12）对总量生产率的分解方法进行分解，得到表 5 – 3。平均来看，2003 ~ 2007 年制造业总量生产率增长幅度为 0.2176，其中在位企业总量技术效率变动为 0.0813，而要素重配综合效应则达到 0.1364，这表明，虽然目前我国的市场扭曲程度还很高，但是，市场化改革的努力已经在一定程度上改善了我国的要素市场，要素的配置效率在逐步的提高，企业间要素重配已经成为我国制造业生产率增长的重要原因。

与李玉红、王皓、郑玉歆（2008）使用 BHC 方法得到的结论不同的是，我们使用 PL 方法发现在位企业要素重配效应对制造业生产率增长的贡献非常突出，其中表现最好的是中间投入重配效应，其平均幅度达到 0.0993。中间投入作为上游企业的产品，凝结了上游企业的资本、劳动力等生产要素，它在企业之间架构起联系的桥梁，Jones 指出中间投入会产生乘数效应，从而放大市场扭曲的程度。他用一个简单的例子说明了这个问题：由于管理不善、技术水平低下、市场扭曲等原因导致电力生产成本高企，这必将影响到建筑业和银行业的产出，那么反过来可能会使得电力企业融资更加困难，难以建设新的水坝，从而进一步影响到电力企业发电。这种中间投入带来的乘数效应与新古典增长模型中的资本积累带来的乘数效应非常类似。由于中间投入一般占总产出中的一半左右，因此，其带来的乘数效应将是非常巨大的。Jones（2011）利用 2006 年 OECD 投入产出数据库①，研究了这些国家中间投入所带来的乘数效应，这 35 个国家中，平均乘数为1.9，中国达到 2.53，较低的希腊为 1.59。由于中间投入带来的乘数效应会放大市场扭曲，反过来，一旦中间投入出现要素重配，乘数效应同样也会放大这种重配效应，从而更大程度上促进总量生产率的增长。

从表 5-3 中我们还可以看到，劳动力重配效应和资本重配效应在考察期各年份均为正数，平均为 0.0071 和 0.0053，而且劳动力重配效应要大于资本重配效应？这说明，近几年来，在党和政府的努力下，劳动力流转的门槛在逐步的降低，资本流动的障碍在不断地被消除，这使得生产要素能在一定的程度上重配往从事市场价值更高活动的制造业企业，其中劳动力重配产生的效应更大，这跟我国私营企业的蓬勃发展也是分不开的。

表 5-3　制造业总量生产率增长及其分解

年份	劳动力重配(1.1)	资本重配(1.2)	中间投入品重配(1.3)	在位企业要素重配效应(1)=(1.1)+(1.2)+(1.3)	进入效应(2.1)	退出效应(2.2)	净进入效应(2)=(2.1)+(2.2)	要素重配综合效应(1)+(2)	在位企业总量技术效率变动(3)	总量生产率增长(1)+(2)+(3)
2003	0.0083	0.0042	0.0875	0.1000	0.0905	0.0461	0.0444	0.1444	0.0784	0.2228
2004	0.0048	0.0048	0.0593	0.0689	0.1548	0.1246	0.0302	0.0991	0.0892	0.1883
2005	0.0089	0.0065	0.1210	0.1364	0.0829	0.0714	0.0115	0.1479	0.0715	0.2194
2006	0.0060	0.0054	0.1048	0.1162	0.0594	0.0450	0.0144	0.1306	0.0791	0.2097
2007	0.0076	0.0056	0.1238	0.1370	0.0563	0.0336	0.0227	0.1597	0.0883	0.2480
平均	0.0071	0.0053	0.0993	0.1117	0.0888	0.0641	0.0247	0.1364	0.0813	0.2176

继续关注表 5-3，我们发现，进入效应和退出效应的规模都比较大，而且进入效应要大于退出效应。从表 5-2 我们也可以看到，在考察期间，有大量的制造业企业进入、退出市场，而且进入企业在数量上比退出企业明显占据优势。

---

① 该数据库除了 OECD 成员国外，还将中国、印度、阿根廷、巴西、俄罗斯等包括在内，共计 35 个国家，45 个产业。

这主要是因为，我国实行的是自上而下的渐进式改革，当市场进入门槛逐渐降低、退出机制逐步完善的时候，必然表现出企业更替频繁、进入退出明显的特点，尤其是近些年，市场机制的灵活，使得大量私营企业出现，当然同样也有许多私营企业在大浪淘沙中退出市场。正是这种逐步显现威力的"创造性破坏"使得我国民营经济在沿海地区逐渐成为经济增长的重要引擎。

5.4.2　分行业实证结果

为了能够研究制造业各行业要素重配情况，并且能够分析各种因素对企业间要素重配的影响作用，我们将上述的研究方法细化到具体的两位数行业中，其中最为重要的就是将 Domar 权细化到两位数行业，有 $D_i = \dfrac{P_i Q_i}{\sum\limits_{i \in H} VA_i}$，$D_{it} = \dfrac{P_{it} Q_{it}}{\sum\limits_{i \in H} VA_{it}}$，H 为企业所属的两位数行业；其他计算方法与全部制造业加总的计算方法一致。于是我们得到结果，并整理后得到表 5 - 4。

表 5 - 4　2002~2007 年制造业各行业要素重配效应（平均值）

制造业行业	劳动力重配 (1.1)	资本重配 (1.2)	中间投入品重配 (1.3)	在位企业要素重配 (1) = (1.1) + (1.2) + (1.3)	进入效应 (2.1)	退出效应 (2.2)	净进入效应 (2) = (2.1) + (2.2)	要素重配综合效应 (1) + (2)
农副食品加工业	0.0069	0.0060	0.1096	0.1225	0.1283	0.1039	0.0244	0.1469
食品制造业	0.0005	0.0020	0.1065	0.1090	0.0801	0.0629	0.0172	0.1262
饮料制造业	0.0025	0.0016	0.0947	0.0988	0.0994	0.0865	0.0129	0.1117
烟草制造业	- 0.0005	0.0026	0.0662	0.0683	0.0971	0.1080	- 0.0109	0.0574
纺织业	0.0063	- 0.0012	0.0819	0.0870	0.0816	0.0614	0.0202	0.1072
纺织服装、鞋、帽制造业	0.0036	0.0057	0.0562	0.0655	0.0792	0.0598	0.0194	0.0849
皮革、毛皮、羽毛（绒）及其制品业	0.0027	0.0067	0.0760	0.0854	0.0834	0.0679	0.0155	0.1009
木材加工及木、竹、藤、棕、草制品业	0.0011	0.0047	0.1004	0.1062	0.1332	0.0933	0.0399	0.1461
家具制造业	0.0011	0.0031	0.0925	0.0967	0.1019	0.0716	0.0303	0.1270
造纸及纸制品业	0.0057	- 0.0060	0.0918	0.0915	0.0644	0.0508	0.0136	0.1051

续表

制造业行业	劳动力重配 (1.1)	资本重配 (1.2)	中间投入品重配 (1.3)	在位企业要素重配 (1) = (1.1) + (1.2) + (1.3)	进入效应 (2.1)	退出效应 (2.2)	净进入效应(2) = (2.1) + (2.2)	要素重配综合效应 (1) + (2)
印刷业和记录媒介的复制	0.0035	0.0005	0.0684	0.0724	0.0664	0.0461	0.0203	0.0927
文教体育用品制造业	0.0035	0.0070	0.0470	0.0575	0.0633	0.0452	0.0181	0.0756
石油加工、炼焦及核燃料加工	0.0013	0.0035	0.1110	0.1158	0.0783	0.0669	0.0114	0.1272
化学原料及化学制品制造业	0.0022	0.0048	0.1108	0.1178	0.0824	0.0597	0.0227	0.1405
医药制造业	0.0030	0.0022	0.0789	0.0841	0.0815	0.0644	0.0171	0.1012
化学纤维制造业	0.0062	0.0004	0.0945	0.1011	0.0825	0.0511	0.0314	0.1325
橡胶制品业	0.0043	0.0011	0.1075	0.1129	0.0668	0.0573	0.0095	0.1224
塑料制品业	0.0032	0.0066	0.0836	0.0934	0.0940	0.0660	0.0280	0.1214
非金属矿物制品业	0.0012	− 0.0038	0.1194	0.1168	0.0861	0.0633	0.0228	0.1396
黑色金属冶炼及压延加工业	0.0065	− 0.0050	0.1527	0.1542	0.0756	0.0622	0.0134	0.1676
有色金属冶炼及压延加工业	0.0056	− 0.0008	0.1635	0.1683	0.1207	0.0707	0.0500	0.2183
金属制品业	0.0018	0.0092	0.1074	0.1184	0.1018	0.0662	0.0356	0.1540
通用设备制造业	0.0015	0.0071	0.1094	0.1180	0.0994	0.0611	0.0383	0.1563
专用设备制造业	0.0011	0.0059	0.1088	0.1158	0.0961	0.0587	0.0374	0.1532
交通运输设备制造业	0.0118	0.0096	0.0887	0.1101	0.0807	0.0577	0.0230	0.1331
电气机械及器材制造业	0.0061	0.0137	0.0903	0.1101	0.1013	0.0501	0.0512	0.1613
通信设备计算机及其他电子设备制造业	0.0285	0.0222	0.0630	0.1137	0.0737	0.0439	0.0298	0.1435
仪器仪表及文化、办公用机械制造业	0.0091	0.0105	0.0923	0.1119	0.1723	0.0370	0.1353	0.2472

从表5－4中可以看到，要素重配综合效应最小的是烟草行业，其仅为0.0574，这跟烟草行业的高度国有垄断是相关的。缺乏市场竞争的烟草专卖制度

造就了烟草行业职工的高待遇、高福利，企业之间劳动力流动趋于僵化，这使得其劳动力重配效应为 28 个行业中唯一的负数。生产经营管理方面，国家烟草专卖局对卷烟产品、烟叶等原辅料以及烟草专用机械的生产、销售和进出口均依法实行许可证制度；对烟草专卖品从上游到下游，从生产领域到流通领域的诸环节均设立了严格的行政审批制度；对烟叶种植、收购和调拨，对烟草制品生产企业的设立、基本建设或者技术以及生产要求都做出了明确规定；再加上高额的烟草利税驱使地方政府对本地烟草产业过度干预，这些因素导致了烟草行业的资本重配效应和中间投入重配效应均较小，分别为 0.0026 和 0.0662。1998 年开始，国家对烟草行业实施兼并重组，截至 2002 年底，国家实施以工商管理体制分开为突破口的市场改革，先后关闭 52 家小烟厂、50 家中小型烟厂，5 家重点工业企业实现了联合重组，组建了 16 个省级中烟工业公司，截至 2007 年底，全国卷烟工业企业为 31 家，比 2002 年减少了 92 家，这也使得其净进入效应为负。

而要素综合重配效应最大的行业是仪器仪表及文化、办公用机械制造业，为 0.2472，这主要是由于近些年来，该产业已经成为许多地区重点发展的行业，有大批新企业出现，由此带来了较大的净进入效应，达到 0.1353。另外，我们还发现，对于电气机械及器材制造业等资本密集型行业，其资本重配效应较大；而对于纺织业、造纸业等劳动密集型行业，资本重配效应较小，甚至为负，这主要跟我国资本较为稀缺是有关系的，尤其是劳动密集型行业，较难以获得资本市场的支持，因此资本重配效应较小。

5.5　企业间要素重配效应的影响因素

既然企业间要素重配效应对制造业生产率增长起非常重要的作用，那么哪些因素会影响到要素重配效应呢？显然，找到各个行业共同的潜在影响因素，并使之发挥对企业间要素重配效应的正向作用，这是政府应该努力的方向。

5.5.1 变量选取

最早由 Bernard 和 Jensen（2004）等提出，国际贸易活动可以通过从低生产率企业向更高生产率企业配置资源，从而提升总量的生产率。以 Melitz（2003）等新新贸易理论奠基之作更是通过建立理论模型诠释了这一机理，他们认为出口等国际贸易活动在要素配置过程中将发挥巨大的作用，后续的一些实证研究也证实了理论研究的结果。比如 Gibson（2008）和 Harrison 等（2010）。Gibson 在企业异质性贸易模型基础上讨论了贸易通过要素重配对总生产率的作用过程，实证研究发现，效率低的企业退出市场从而使得资源向那些效率高的企业尤其是出口企业进行再配置，使得总的全要素生产率提高了。Harrison 使用印度制造业综合企业层面的数据比较了要素重配效应和平均生产率水平的提高之间的差异，研究表明，1991 年以来，印度的贸易改革所导致的市场份额的重新配置对于印度加总的生产率提升有重要的促进作用。

外商直接投资的溢出作用和强大的市场竞争力对国内企业间要素重配有重要的影响作用。外商直接投资可以通过几种渠道促进企业进入市场。首先，一些在外资企业工作过的人员通过在工作过程中所获得的专业化的知识（包括先进的技术技能、管理经验等）能够更好地创立属于自己的企业。其次，国内企业可以通过借鉴外资企业经营过程中的成败经验，即示范效应，能够更好地进入市场。最后，外商直接投资企业可以通过垂直联系带来的"需求创造效应"促使国内企业进入市场，比如外资企业会增加对上游厂商产出的需求（后向联系），同时，外资企业也能更好地满足下游厂商的需求，为其提供更新或者更高质量的产品作为其中间投入品（前向联系），这些前后向联系都可能带来新的商业机会，从而鼓励更多的国内企业进入市场。

另外，外资企业也可能会产生所谓的"进入壁垒效应"，从而抑制国内的企业进入。比如，外资企业一般比国内企业拥有更高的研发投入和无形资产、拥有更多的专利技术，而且可能生产更新、技术更为复杂的产品。一般拥有更为庞大的资金总量，更少受到资金约束的影响，有更为丰富的市场经验积累，因此他们比国内的市场进入者能够更好地享受规模经济的好处，同时也拥有更高的沉没成本。Ayyagari 和 Kosová（2010）利用 1996～2000 年捷克 245 个行业的数据，研究了外商直接投资对国内企业进入行为的影响。他们发现,不仅存在水平的进入溢出效应,而且垂直进入溢出效应(包括前向和后向)也是显著为正的;研究结果表明,前向的进入溢出要比后向的和垂直的进入溢出效应更为突出;而且溢出作用在行业之间表现出差异化的特点,服务业能从垂直和水平溢出两者中获益,而制造业却难以从这种进入溢出中得到好处。外资企业进入国内市场后,由于其在研发能力、规模经济、技术手段、管理经验等方面的巨大优势,必将对国内企业形成强大的市场竞争力,这会迫使一些生产率相对低下的国内企业逐步削减其产量,甚至最终退出市场,Kosová(2010)称其为外资企业带来的"技术冲击"对国内企业产生的挤出效应。

在我国,国有企业总是跟行政垄断相联系的,行政垄断成就了国有企业的突出地位,为了保护自己的利益,国有企业总是使用"大棒",筑高行业的进出壁垒,减少行业竞争,阻碍要素在企业之间自由流动。行业中国有企业比重越高,说明该行业存在进入和退出的壁垒也越高,市场竞争越少,要素自由流动的障碍也越多。

5.5.2 实证分析

基于已有文献,我们考虑国际贸易(用各行业出口比重来衡量,EXP)、外商直接投资(用各行业外资企业销售额与行业工业销售总值的比值来衡量,FDI)、国有企业比重(用各行业国有企业销售额与行业销售总值的比值来衡量,RSC)作为要素重配效应的影响因素,从而构建面板数据实证模型。

$$Z_{jt} = \beta_0 + \beta_1 FDI_{jt} + \beta_2 EXP_{jt} + \beta_3 RSC_{jt} + D + \varepsilon_{ij} \tag{5.14}$$

其中,j 为行业,t 为年份,Z 为因变量,我们将劳动力重配(RLL)、资本重配(RLK)、中间投入重配(RLM)、进入效应(EN)、退出效应(OU)、要素综合重配效应(RLT)分别作为因变量使用模型(5.14)进行实证。D 为年份虚拟变量,用于消除时间的变化对产业性质的影响。除要素重配效应数据来自上文计算结果外,其余数据均来自国研网工业行业数据库,面板数据实证采用固定效应,结果见表 5 - 5。

从表 5 - 5 报告的结果可以看到,外商直接投资和出口贸易均对企业间要素重配综合效应及其组成部分有正面的影响,而国有企业比重起负面作用,另外,

表 5 – 5　企业间要素重配效应影响因素的实证结果

解释变量	RLL		RLK		RLM	
	回归系数	t 值	回归系数	t 值	回归系数	t 值
常数项	0.1591 **	2.146	0.2335 *	1.911	0.2663 ***	4.977
FDI	0.0574 *	1.833	0.0049	1.229	0.0953 **	2.316
EXP	0.2841 ***	4.991	0.1226 **	2.035	0.1448 ***	7.983
RSC	− 0.3533 *	− 1.779	− 0.1172 **	− 2.117	− 0.2679 **	− 2.134
年份哑变量	控制	控制	控制	控制	控制	控制
R^2	0.4347		0.3995		0.4251	
观测值	140		140		140	

解释变量	EN		OU		RLT	
	回归系数	t 值	回归系数	t 值	回归系数	t 值
常数项	0.4262	1.335	0.2358 *	1.944	0.779 **	2.133
FDI	0.2238 **	2.118	0.0055	0.759	0.2651 **	2.041
EXP	0.0448	0.933	0.0533	0.443	0.3768 ***	3.297
RSC	− 0.2612 ***	− 5.673	− 0.1443 *	− 1.856	− 0.4453 ***	− 9.774
年份哑变量	控制	控制	控制	控制	控制	控制
R^2	0.4615		0.3278		0.4998	
观测值	140		140		140	

注：*、**、***分别表示在 10%、5%、1%水平下显著；软件为 Stata10.0。

我们可以发现，针对不同的要素重配效应，这些影响因素发挥的作用不尽相同。对于在位企业的三种要素重配效应，出口贸易均对它存在显著为正的影响，而且显著水平达到 10%、5%、1%；这说明，出口活动具有活跃市场经济、加速要素流动、促进要素优化配置的作用，尤其是对于劳动力和中间投入品的重配，起着非常重要的作用。相比较而言，外商直接投资对在位企业的要素重配影响较小，而且在资本重配上表现为不显著，这可能是因为外资企业虽然可以给国内企业带来巨大的溢出效应和庞大的资金流，但是其过于强大的市场竞争力和对知识产权的严格保护，在当下的中国，可能在一定程度上抵消了其带来的正面效应，所以表现为较小的正影响。对于进入效应来看，外商直接投资表现为较强的促进作用，且在 5% 的水平上显著，这告诉我们，外商直接投资发挥的"需求创造效应"等促进国内企业进入市场的作用大于其产生的"进入壁垒效应",事实上,这也是发展中国家引入外商直接投资的原因之一,外商直接投资进入发展中国家后,可以促进国内新企业的建立,"挤入"国内投资,我们的结论证实了 Ayya-gari 和 Kosová 的发现。而在退出效应上,外商直接投资则表现平平,虽然为正值,但不显著。出口贸易在进入和退出效应上表现均不显著,这意味着,出口贸易对于促进国内市场的优胜劣汰作用并不是很明显,这主要可能跟我国出口企业大部分属于加工型,生产率相对较低,而且规模较小是相关的。对于各重配效应,国有企业比重均表现出显著为负的影响,这也证实了大多数研究的结论,行政垄断筑就了较高的进入和退出壁垒,并采取多种手段,削弱市场竞争,从而保护国有企业的利益;当然,这是以降低市场效率为代价的。

5.6　结论与政策建议

5.6.1　主要结论

企业间的要素重配作为总量生产率的提升手段,一直被国内研究者所忽视,我们利用 2003~2007 年 130 余万个微观企业观测值,从在位企业的劳动力、资本和中间投入三种要素的重配效应以及企业进入、退出市场过程产生的重配效应入手,全方位地研究了企业间要素重配对制造业生产率增长的贡献。进而,我们还分析了多种因素对企业间要素重配效应的影响作用,从而得到如下结论:一是虽然目前我国市场扭曲程度较高,但是市场化改革的努力已经使得企业间要素重配成为制造业生产率增长极其重要的原因;由于中间投入对要素重配具有乘数效应,其产生的要素重配效应占据了最大份额;企业的进入、退出市场行为在要素重配中也表现突出。二是出口贸易、外商直接投资等市场化活动对企业间要素重配效应具有非常重要的正面影响,尤其是对于在位企业的三种要素重配效应,出口贸易作用显著,而外商直接投资在促进国内新企业的创立上有突出的表现;与此相反的是,国有企业比重对于各要素重配效应均表现为负面影响,行政垄断阻滞了要素流动，也降低了市场效率。

5.6.2 政策建议

要想进一步发挥企业间要素重配效应对制造业生产率增长的重要作用，必须从以下几个方面做出努力：

（1）继续坚定不移地坚持改革开放，在保证质量的前提下，继续拓宽招商引资的渠道，并且采取多种措施引导有实力的外资企业进入更多的行业当中。以政策上鼓励、资金上支持、技术上帮扶等手段帮助那些为外资企业做配套服务的国内企业的创立和发展。采取适当的行政和经济手段，削减外资企业在买方市场中的市场势力，积极构建一个竞争适度的买方市场，从而更好地发挥外资企业的溢出效应。

（2）继续发展外向型经济，并且鼓励有实力的企业到海外投资建厂，帮助那些有国际知名度，有较强国际竞争力的企业到海外上市，从而使得更多的国际生产要素能够参与到国内的生产建设。继续扩大出口，鼓励出口企业进行技术改造，进行科技创新，鼓励它们创建自己的品牌，从而提升它们的市场竞争力。

（3）进一步推进户籍制度改革，降低劳动力尤其是人才资源的流动门槛，政府部门应该利用法律和行政手段维护劳动者的利益，减少劳动力流动的后顾之忧。加强国家人才库的建设，鼓励企业和人才利用流动平台更好地进行双向选择。创建更多更好的人才流动交流平台，降低劳动力流动的交易成本。继续发展职业技术教育，让更多的劳动力，尤其是农民工掌握一技之长，从而更好地为制造业发展做贡献，也能够提高他们的流动能力。

（4）推进金融市场改革，采取措施促进金融业的竞争。建立完善的信贷市场体系，从而促进资本的流转。继续完善资本市场建设，加快多层次、多级次、多品种市场体系建设；进一步完善上市公司法人治理结构，培育诚实守信、运作规范、治理机制健全的上市公司和市场中介群体；扩大直接融资，更大程度地发挥市场在资本配置和经济结构调整中的基础性作用。

（5）努力降低地区之间、产业之间市场分割的程度，促进中间投入品的流转。第一，通过加快交通运输、通信等基础设施建设，努力降低物流成本。国家和地方政府要努力推行全国性的物联网建设，物联网是一个比互联网规模更大的万亿级产业，如果一旦能够建成并能发挥其应有的功效，将对发挥中间投入品的重配效应起非常重要的作用。第二，采取措施推动区域经济一体化进程，努力破除地区间的贸易壁垒和地方保护主义。

（6）继续加快国有企业改革，在国有企业占垄断地位的行业引入竞争机制，并继续完善优胜劣汰机制，努力消除行业的进入和退出壁垒。改革现有的产业政策，减少政府对产业发展的行政干预，让市场发挥对要素配置的更大作用。

第6章 FDI 溢出是否促进了中国制造业的要素重置

——基于动态面板数据的实证分析

FDI 进入东道国后，会给国内相关产业带来一定的外部性，这种外部性常被称之为"溢出效应"，这是许多发展中国家在引入 FDI 时需要考虑的重要问题。其中技术溢出效应对东道国生产率的巨大作用已经被大量国内外相关文献所证实。技术溢出效应被证明可以由国内企业向外资企业"学习""模仿"，或者通过促使国内企业积极创新等途径获得，从而提升生产率。

事实上，FDI 对东道国的外部性除了技术溢出以外还能带来其他种类的外部性，比如 FDI 进入国内后可能会对包括资本、劳动力、企业家和中间投入品等在内的要素市场带来巨大冲击；这种溢出效应将促使稀缺性的生产要素在企业之间进行重置，由此而带来总量生产率的变动；尤其是在如熊彼特所称的"创造性破坏"的企业进入、退出市场过程中，要素的重置将更为剧烈，而由此导致的总量生产率的变动也更加显著。本章立足于这种现实，基于一个总量生产率的分解框架，研究了 FDI 的溢出效应对我国制造业要素重置的影响作用，从一个全新的视角揭示 FDI 对国内经济的影响。

6.1 文献综述

要素重置主要发生在企业的市场进入、退出和在位企业的生产经营过程之中，下文从理论上分析 FDI 的溢出效应在企业进入、退出、在位经营过程中产生的对要素重置的影响作用。

6.1.1　FDI 的溢出效应与企业的市场进入

FDI 可以通过垂直联系带来的"需求创造效应"促使东道国企业进入市场，比如外资企业会增加对上游厂商产出的需求，同时，外资企业也能更好地满足下游厂商的需求，为其提供更新或者更高质量的产品作为其中间投入品，这些前后向联系都可能带来新的商业机会，从而鼓励更多的东道国企业进入市场。另外，外资企业也可能会产生所谓的"进入壁垒效应"，从而抑制东道国企业进入。首先，外资企业一般比东道国企业尤其是转型国家的企业拥有更高的研发投入和无形资产，拥有更多的专利技术，而且可能生产更新、技术更为复杂的产品。其次，外资企业一般拥有更为庞大的资金总量，更少受到资金约束的影响，有更为丰富的市场经验积累，因此它们比东道国的市场进入者能够更好地享受规模经济的好处，同时也拥有更高的沉没成本。最后，外资企业一般比东道国企业支付更高的工资，让员工享受更为完善的福利，从而在人才市场中获得更为突出的竞争优势。这些外资企业所具备的国内企业所难以匹敌的竞争力，会以"进入壁垒"的形式阻碍国内新企业的进入。

De Backer 和 Sleuwaegen（2003）在研究比利时制造业企业的进入退出行为时，发现 FDI 对国内企业进入市场的行为产生了负面影响。而 Coucke 和 Sleuwaegen（2008）利用比利时的数据也得到了类似的研究结论。Ayyagari 和 Kosová（2010）利用 1996 ~ 2000 年捷克 245 个行业的数据，研究了 FDI 对东道国企业进入行为的影响；他们发现，不仅存在水平的进入溢出效应，而且垂直进入溢出效应（包括前向和后向）也是显著为正的；他们的研究结果表明，前向的进入溢出要比后向的进入溢出效应更为突出，而且溢出作用在行业之间表现出差异化的特点。

6.1.2　FDI 的溢出效应与企业市场退出

一方面，如 Aitken 和 Harrison（1999）所分析，由于外资企业一般拥有较低的边际成本导致其有较大的产出，其强大的市场竞争力可能会迫使国内的一些同行业的竞争对手削减产量，最终退出市场。而 Markusen 和 Venables（1999）认为外资企业的进入增加了市场产出，市场产出的增加导致市场利润的下降必然使得一些国内企业退出市场。劳动力、资本、中间投入品等要素从退出企业中重置往其他企业，从而提高了要素利用效率。

另一方面，由于 FDI 所带来的技术溢出和经济外部性可能会降低国内企业的退出率。国内外的大量研究表明，FDI 的技术溢出效应导致了东道国企业生产率的提高，进而提高了国内企业的生产率，从而使得国内企业的市场竞争能力增强，降低退出率。

Ferragina 和 Mazzotta（2013）研究了 FDI 的横向、垂直溢出对意大利企业退出率的影响效应；研究发现全样本横向和垂直溢出对于企业存活都没有显著的影响作用；外资企业降低了竞争者和下游企业（存在较小生产率差距）的退出率，但是对存在较大生产率差距的下游企业的退出率没有显著的影响作用；高技术密集度的企业没有从 FDI 的水平溢出中获益，但是在中、低技术密集度的企业却能获益；另外，研究也发现 FDI 的前向关联对中、高技术密集度的企业退出率的降低存在显著的影响效应。

6.1.3 FDI 的溢出效应与在位企业的要素重置

在位企业在生产经营过程中，主要需要劳动力、资本、中间投入品等生产要素；在 FDI 的影响下，这些生产要素可能会发生重置。外资企业强大的竞争力，导致其与国内企业之间形成较大的落差，劳动力、资本、中间投入品等要素在这种落差的作用下，向外资企业重置，从而提高要素利用效率，进而将促进总量生产率提升，其中最为典型的就是劳动力要素。Hanousek 等（2010）认为由于外资企业的工资相对高，导致其与国内企业相比存在巨大的工资优势，一些优质的劳动力由此重置往外资企业；而且已有的大量研究证明 FDI 会加剧东道国内的工资不平等。国内如许和连等（2009）研究发现 FDI 通过影响劳动力供求以及由支付高工资所导致的工资溢出效应两种途径对内资企业的工资产生影响；外资企业通过影响劳动力供求对内资企业的工资水平具有显著的正向影响，而外资企业通过支付高工资这一行为，对内资企业存在明显的负向工资溢出效应，而且他们认为适度的工资差距有利于劳动力的优化配置。外资企业的高福利和更为广阔的发展空间，可以让员工有机会接触到世界上较为领先的技术、管理、平台等，这些是国内一般企业所无法比拟的，一些优秀人才因此可能被吸引到外资企业。

中间投入品要素的重置在 FDI 的作用下也表现得比较明显。Markusen 和 Venables（1999）研究认为外资企业进入东道国后将对中间投入品产生巨大的需求，由于外资企业强大的市场力量，其将导致许多优质的中间投入品流向外资企业。许和连等（2007）发现 FDI 在市场上对中间投入品的巨大需求产生了所谓的后向关联溢出效应。中间投入品从一些生产率相对较低的国内企业重置往生产率较高的外资企业发展，这在一定程度上确实优化了资源的配置，促进了总量生产率的提高。

6.2 研究方法

6.2.1 计量模型

参考 Harrison 等（2011）、Ferragina 和 Mazzotta（2013）的实证检验方法，我们建立研究 FDI 的溢出对中国制造业要素重置影响的计量模型。

$$\ln Y_{jt} = \beta_0 + \beta_1 \ln Y_{jt-1} + \beta_2 \ln Hor_{jt} + \ln BL_{jt} + \beta_3 \ln PRO_{jt} + \eta_{jt} + \varepsilon_{jt} \tag{6.1}$$

其中，Y_{jt} 是因变量，为要素重置效应；η_{jt} 为哑变量集，包括行业哑变量和年份哑变量，用于控制不可观测的行业属性和时间变化的影响。要素重置效应测度中用到的数据来自于"中国工业企业数据库"，其余数据均来自各年的《中国统计年鉴》和《中国工业经济统计年鉴》。

对于 FDI 水平溢出和垂直溢出指标，我们参照 Javorcik（2004）对 FDI 水平溢出和垂直溢出指标的衡量方法。行业 FDI 横向溢出（Hor），用行业外资企业销售额与行业工业销售总值的比值来衡量。该指标反映了 FDI 对同行业企业产生的溢出作用。

$$Hor_{jt} = \frac{FDISales_{jt}}{Sales_{jt}} \tag{6.2}$$

其中，$FDISales_{jt}$ 是 j 行业在第 t 年外资企业销售额，$Sales_{jt}$ 是 j 行业在第 t 年

的工业销售总值。

行业 FDI 后向溢出（BL），我们用行业后向关联系数 β_{jk} 与行业水平溢出的乘积之和得到。该指标反映了 FDI 通过向其他企业购买产品或服务而产生溢出效应。

$$BL_{jt} = \sum_{k,(k \neq i)} \beta_{jk} Hor_{kt} \tag{6.3}$$

其中，β_{jk} 为后向关联系数，是 j 行业向 k 行业提供的产品占 j 行业工业销售总值的比重，也即是投入产出分析中所谓的行业分配系数[①]。

行业 FDI 前向溢出（PRO），我们用行业前向关联系数 α_{jk} 与行业水平溢出的乘积之和得到。该指标反映了 FDI 通过向其他企业提供产品或服务而产生溢出效应。

$$PRO_{jt} = \sum_{k,(k \neq i)} \alpha_{jk} Hor_{kt} \tag{6.4}$$

其中，α_{jk} 为前向关联系数，是 j 行业向 k 行业购买的产品占 j 行业工业销售总值的比重，也即是投入产出分析中所谓的行业直接消耗系数。

6.2.2 要素重置效应的测度

测度中国制造业要素重置效应，是开展本书实证分析的基础性工作。我们设定企业生产要素包括资本（K）、劳动力（L）和中间投入品（M），参照相关理论，使用 Tornqvist 逼近，根据 Petrin 和 Levinsohn（2012）的方法进行分解，并将企业分成在位、进入和退出三种类型，则总量生产率 APG 有：

$$APG_{G,t} \approx \sum_{i \in S_t} \overline{D}_{it} \Delta lnA_{it} + \sum_{i \in S_t} \left[\overline{D}_{it} \varepsilon_{ik'} - \overline{c}_{ik't} \right] \Delta lnX_{ik't} + \sum_{i \in E_t} \left[D_{it} - \sum_{k'} c_{ik't} \right] -$$

$$\sum_{i \in X_{t-1}} \left[D_{i,t-1} - \sum_{k'} c_{ik',t-1} \right] \tag{6.5}$$

其中，$c_{ik't} = \dfrac{W_{ik't}X_{ik't}}{VA_t} = \dfrac{P_iQ_i}{VA_t} \times \dfrac{W_{ik't}X_{ik't}}{P_iQ_i} = D_{it} \times s_{ik't}$，$\overline{c}_{ik't} = \dfrac{c_{ik't} + c_{ik',t-1}}{2}$，$\varepsilon_{ik'}$ 为各要素的产出弹性，$VA_t = \sum_i VA_{it}$，$s_{ik'} = \dfrac{W_{ik'}X_{ik'}}{P_iQ_i}$，$W_{ik}$ 等于第 k 种投入的单位成本，

[①] 前向、后向关联系数，我们通过合并 2002 年、2007 年中国 122×122 部门投入产出流量表，得到 28×28 部门流量表，为了消除时间变化的影响，我们对 2002 年、2007 年的前向、后向关联系数取平均值得到。

X_{ik} 为 i 企业投入的量，P 为 i 企业产出的价格，Q 为 i 企业产出的数量，企业集合 S 为在位企业集合，X 为退出企业集合，E 为进入企业集合。为了能够研究 FDI 溢出效应对制造业要素重置的影响，我们将 Domar 权细化到两位数行业，有

$$D_{it} = \frac{P_{it}Q_{it}}{\sum_{i \in H} VA_{it}}$$ ，H 为企业所属的两位数行业。

根据总量生产率的总公式可以得到一些变量的具体计算公式，有：

（1）$\sum_{i \in S_t} [\overline{D_{it}}\varepsilon_{ik'} - \overline{c}_{ik't}] \Delta \ln X_{ik't}$ 为在位企业的要素重置效应，根据要素不同，则分为劳动力重置、资本重置和中间投入品重置，加总后为在位企业要素重置效应（R_s）。

（2）$\sum_{i \in E_t} [D_{it} - \sum_{k'} c_{ik't}]$ 为进入效应（R_e），这反映了企业进入引起的重新配置对总量生产率的影响。

（3）$\sum_{i \in X_t} [D_{i,t-1} - \sum_{k'} c_{ik't-1}]$ 为退出效应（R_x），这反映了企业退出市场引起的重新配置对总量生产率的影响。

根据要素重置效应的测度原理，必须要使用企业微观层面的数据。本书使用中国国家统计局"工业企业数据库"的数据，年份为 2000 ~ 2009 年。由于工艺品及其他制造业、废弃资源和废旧材料回收加工业这两个产业在分析期间内，数据存在统计口径的变化，本文将它们剔除在外，因此本文的分析数据为其余 28 个行业的制造业企业数据。

我们将数据中存在错漏的企业剔除，并将企业人数少于 10 人的样本也剔除在外。对于企业进入和退出的衡量，为了简化问题，我们跟聂辉华和贾瑞雪（2011）及大多数国内相关文献一样，即根据企业法人代码在时间上的分布状况来判断企业的进入、退出。

数据库有对应的工业总产值（P_iQ_i）、工业增加值（VA_i）①、应付工资加福利费（W_1X_1）、中间总投入（P_jM_{ij}）的数据，这些数据将价格、产量、工资等

---

① 2004 年企业数据中缺少工业增加值数据，本书参照已有文献的做法，计算公式为：企业工业增加值 = 当年销售收入 + 期末产成品 − 期初产成品 − 中间投入 + 当年增值税额；在公式中，基本上各指标都能在数据库中查询到，从而进一步计算得到企业工业增加值。

各种因素包括在其中。企业资本（X_2），本文使用企业的固定资产净值年平均余额进行测度。资本的租金价格（W_2），参照 Hsieh 和 Klenow（2009）的处理方法，用5%的年均利率加上5%的折旧衡量。同时，本书假设只有一种中间投入（M_{il}），且假设同一企业的中间投入在各年份价格（P_i）保持不变，于是则有 $\Delta lnM_{il} = \Delta lnP_i M_{il}$[①]；在这种假设下，我们就可以直接使用企业中间投入总值来衡量企业中间投入量。

6.3 实证结果

6.3.1 要素重置效应的计算

根据要素重置效应的测度方法，使用 2000～2009 年中国制造业的企业微观数据，得到各行业要素重置效应的结果，整理后得到表6－1。

表6－1 2000～2009 年制造业各行业要素重置效应的计算结果（平均值）

制造业行业	在位企业要素重置（R_s）	进入效应（R_e）	退出效应（R_x）	要素重置综合效应（R_t）
农副食品加工业	0.1216	0.1272	0.1053	0.1435
食品制造业	0.1096	0.0755	0.0649	0.1202
饮料制造业	0.0974	0.0943	0.0885	0.1032
烟草制造业	0.0648	0.0903	0.1092	0.0459
纺织业	0.0879	0.0833	0.0646	0.1066
纺织服装、鞋、帽制造业	0.0618	0.0783	0.0629	0.0772
皮革及其制品业	0.0863	0.0848	0.0695	0.1016
木材加工及制品业	0.1079	0.1449	0.0971	0.1557

① $\Delta lnM_{il} = \Delta lnP^i + \Delta ln\ M_{il} = \Delta lnP^i M_{il}$。

续表

制造业行业	在位企业要素重置 （R_s）	进入效应 （R_e）	退出效应 （R_x）	要素重置综合效应 （R_t）
家具制造业	0.0945	0.1020	0.0742	0.1223
造纸及纸制品业	0.0913	0.0653	0.0530	0.1036
印刷业和记录媒介的复制	0.0686	0.0673	0.0472	0.0887
文教体育用品制造业	0.0530	0.064	0.0477	0.0693
石油加工、炼焦及核燃料加工	0.1226	0.0794	0.0681	0.1339
化学原料及化学制品制造业	0.1268	0.0844	0.0572	0.1540
医药制造业	0.0849	0.0891	0.0652	0.1088
化学纤维制造业	0.1070	0.0830	0.0599	0.1301
橡胶制品业	0.1104	0.0674	0.0592	0.1186
塑料制品业	0.0971	0.0952	0.0691	0.1232
非金属矿物制品业	0.1085	0.0880	0.0657	0.1308
黑色金属冶炼及压延加工业	0.1612	0.0771	0.0645	0.1738
有色金属冶炼及压延加工业	0.1694	0.1243	0.0772	0.2165
金属制品业	0.1199	0.1044	0.0691	0.1552
通用设备制造业	0.1230	0.0931	0.0648	0.1513
专用设备制造业	0.1161	0.0955	0.0602	0.1514
交通运输设备制造业	0.1139	0.0840	0.0629	0.1350
电气机械及器材制造业	0.1133	0.1062	0.0583	0.1612
通信设备及其他电子制造业	0.1253	0.0742	0.0431	0.1564
仪器仪表及文化、办公用机械制造业	0.1135	0.1744	0.0382	0.2497

从表 6 - 1 中可以看到，烟草行业的要素重置综合效应最小，其仅为 0.0459，该行业的高度国有垄断是这种状况出现的主要原因。仪器仪表及文化、办公用机械制造业的要素综合重置效应最大，为 0.2497，这主要是由于该产业在地方政府的支持下，大批新企业的开设带来了较大的净进入效应，从而导致了较大的要素综合重置效应。

6.3.2　FDI 溢出对要素重置效应的影响

为了克服动态方程式（6.1）中滞后因变量的内生性问题，本书采用广义矩估计法（GMM）来估计。根据 Arellano 和 Bond（1991）的思路，GMM 计量方法一般分成两步：第一步是对估计方程进行一阶差分变换以消除固定效应；第二步是将滞后变量作为差分方程中相应的内生变量的工具变量估计差分方程。从而得到新的估计量，此为一阶差分广义矩估计量。但是，一阶差分广义矩估计较易受弱工具变量和小样本偏误的影响，Arellano 和 Bover（1995）、Blundell 和 Bond（1998）在此基础上提出了更具科学性的系统广义矩估计量。系统广义矩估计量在一阶差分广义矩估计量的基础上进一步使用了水平方程的矩条件，将滞后变量的一阶差分作为水平方程中相应的水平变量的工具。本书报告的结果为系统广义矩的估计结果。

6.3.2.1　全样本估计结果

分析表 6 - 2 的结果，可以看到，Hansen 检验和 Arelleno - Bond 序列相关检验的 p 值均显示模型能很好地通过这些统计检验，从而证明本书使用系统广义矩的有效性。

表 6 - 2　FDI 溢出对制造业要素重置效应的影响检验结果

变量	因变量：R_s	因变量：R_e	因变量：R_x	因变量：R_t
常数	- 0. 759	1. 074 *	0. 883 *	1. 229 **
	(0. 108)	(0. 077)	(0. 054)	(0. 043)
Y_{jt-1}	0. 042 **	0. 015 *	0. 062 *	0. 072 *
	(0. 027)	(0. 060)	(0. 068)	(0. 066)
Hor_{jt}	0. 035 ***	- 0. 004 *	0. 085 **	0. 104 **
	(0. 000)	(0. 085)	(0. 044)	(0. 020)
BL_{jt}	0. 094 *	0. 174 **	- 0. 059	0. 516 *
	(0. 053)	(0. 049)	(0. 416)	(0. 082)
PRO_{jt}	0. 063 *	0. 018	- 0. 032	0. 374 **
	(0. 072)	(0. 208)	(0. 174)	(0. 031)
行业、年份哑变量	控制	控制	控制	控制
Hansen 检验	0. 457	0. 393	0. 503	0. 484
AR_ 1	0. 033	0. 046	0. 058	0. 039
AR_ 2	0. 492	0. 407	0. 449	0. 518
观测值	280	280	280	280

注：括号内报告的为 p 值；*、**、*** 分别表示在 10%、5%、1% 水平下显著；AR_ 1、AR_ 2 分别表示误差项一阶和二阶自相关检验值，报告的均为系统广义矩的估计结果。

（1）FDI 的横向、前向和后向关联均对企业要素重置综合效应（R_t）产生了显著的正向影响，这说明综合来看，FDI 的横向、前后向关联的溢出效应均对国内企业的要素重置产生了一定的促进作用，FDI 不仅对国内企业产生了技术溢出效应，而且还产生了要素重置效应，这将会优化国内的资源配置，促使总量生产率的提高。通过比较可以发现，行业间的前后向关联效应对要素重置综合效应的促进作用更为明显，其中，后向溢出效应最大。

（2）同样，FDI 的横向、前向和后向关联均对在位企业要素重置效应（R_s）有显著的促进作用，这说明 FDI 促进了国内在位企业的资本、劳动力、中间投入品的重置；在外资企业的作用下，这些要素从生产率较低的在位企业重置往生产率较高的在位企业，或者从从事低价值市场活动的在位企业重置往从事高价值市场活动的企业，这也是总量生产率提升的重要来源。

（3）FDI 的横向溢出对企业进入效应（R_e）的影响系数显著为负，这说明外资企业由于其强大的市场竞争力，对国内的同一行业的竞争者进入市场产生了显著的抑制作用。FDI 的后向溢出对企业进入效应影响系数为正，且在统计上呈显著性，但是前向溢出的影响系数不显著，这意味着外资企业带来的对上游厂商产出的需求（后向联系）所带来的"需求创造效应"促进了国内企业的市场进入，但是外资企业为下游厂商提供产品作为其中间投入品（前向联系）并未对国内企业市场进入行为产生显著的作用。

（4）FDI 的横向溢出对企业退出效应（R_x）表现出显著为正的影响作用，这说明外资企业带来的竞争效应、市场利润变薄等原因显著地促使同行业的国内企业退出市场。而 FDI 的前向和后向联系都对退出效应影响不显著。

6.3.2.2　分行业子样本估计结果

由于 FDI 溢出可能对不同性质行业的要素重置带来不同的影响，据此我们将 28 个行业分成资本密集型和劳动密集型行业，分别对这两种类型的行业采用系统广义矩进行估计，结果报告见表 6 - 3。

Hansen 检验和 Arelleno - Bond 序列相关检验结果显示均通过这些统计检验。分析表 6 - 3 的结果可以看到，解释变量 FDI 的各溢出效应对各因变量的影响效应绝大部分的符号和显著性均与全样本估计结果相同，这说明我们实证模型（6.1）具有较强的稳健性。

表6 – 3   FDI 溢出对中国制造业要素重置效应的影响检验结果

变量	因变量：R_s		因变量：R_e		因变量：R_x		因变量：R_t	
	资本密集型行业	劳动密集型行业	资本密集型行业	劳动密集型行业	资本密集型行业	劳动密集型行业	资本密集型行业	劳动密集型行业
常数	1.044 *	– 1.106	0.974 *	1.057 *	0.835	0.462 *	1.528 **	1.193 *
	(0.069)	(0.504)	(0.053)	(0.059)	(0.106)	(0.091)	(0.043)	(0.073)
Y_{jt-1}	0.057 *	0.035 *	0.068 *	0.061 *	0.041 *	0.144	0.064 *	0.032 *
	(0.082)	(0.066)	(0.060)	(0.053)	(0.073)	(0.333)	(0.085)	(0.057)
Hor_{jt}	0.041 **	0.074 **	– 0.009 **	– 0.017 *	0.069 **	0.050 **	0.039 *	0.029 *
	(0.025)	(0.083)	(0.024)	(0.079)	(0.028)	(0.048)	(0.061)	(0.074)
BL_{jt}	0.066 *	0.049 *	0.095 **	0.086 ***	0.036	0.015 *	0.106 ***	0.871 ***
	(0.058)	(0.071)	(0.044)	(0.000)	(0.205)	(0.081)	(0.000)	(0.000)
PRO_{jt}	0.057 **	0.041 *	0.017 *	0.028	0.026	0.014	0.074 *	0.063 **
	(0.027)	(0.058)	(0.064)	(0.518)	(0.305)	(0.193)	(0.068)	(0.032)
哑变量	控制	控制	控制	控制	控制	控制	控制	控制
Hansen 检验	0.493	0.446	0.386	0.312	0.340	0.376	0.469	0.511
AR_ 1	0.072	0.054	0.061	0.049	0.045	0.036	0.047	0.053
AR_ 2	0.518	0.370	0.359	0.447	0.369	0.472	0.406	0.458
观测值	120	160	120	160	120	160	120	160

注：括号内报告的为 p 值；*、**、***分别表示在10%、5%、1%水平下显著；AR_ 1、AR_ 2 分别表示误差项一阶和二阶自相关检验值，报告的均为系统广义矩的估计结果。

　　重点关注因变量进入效应（R_e）和退出效应（R_x），可以看到前向溢出仅对资本密集型行业的进入效应存在正向影响，且在 10% 的水平上显著；而对劳动密集型行业影响不显著。我们认为这种现象的主要原因是，外资企业一般提供的产品是资本密集型的，这可以带来较强的技术溢出，从而吸引以资本密集型产品为中间投入品的国内资本密集型企业进入市场；但是，对于劳动密集型企业，由于外资企业提供的中间投入品一般在价格、技术、生产规模等方面有较高要求，从而产生了较高的"进入壁垒效应"，因此使得 FDI 的前向溢出对劳动密集型企业的进入效应作用并不显著。另外，也可以发现后向关联溢出仅对劳动密集型企业的退出效应有显著为正的影响，这主要是由于外资企业对原材料和中间投入品有较高的要求，并且这一要求越来越高；而劳动密集型企业相对于资本密集型企业而言，更难以满足下游外资企业的高要求；同时劳动力密集型企业与外资企业之间存在较大的技术差距，因此较难以吸收外资企业带来的技术溢出，难以提高自身生产率，从而导致后向关联溢出对劳动密集型企业退出效应显著的正向影响。

6.4　结论与政策启示

本书从一个全新的视角即要素重置的视角研究了 FDI 溢出对国内经济的重要影响。本书在利用2000～2009 年企业层面的数据测度了中国制造业要素重置效应的基础上，使用动态面板数据系统广义矩方法检验了 FDI 溢出对要素重置效应的影响作用。研究得到如下结论：①FDI 的横向、前向和后向关联均对企业要素重置综合效应（R_t）产生了显著的正向影响；比较发现，行业间的前后向关联效应对要素重置综合效应的促进作用更为明显，其中，后向溢出效应最大。②FDI 的横向、前向和后向关联均对在位企业要素重置效应（R_s）有显著的促进作用，这说明 FDI 促进了国内在位企业的资本、劳动力、中间投入品的重置。③FDI 的横向溢出对企业进入效应（R_e）的影响系数显著为负，这说明外资企业由于其强大的市场竞争力，对国内的同一行业的竞争者进入市场产生了显著的抑制作用。FDI 的后向溢出对企业进入效应影响系数为正，且在统计上呈显著性，但是前向溢出的影响系数不显著，这意味着外资企业带来的对上游厂商产出的需求（后向联系）所带来的“需求创造效应”促进了国内企业的市场进入，但是外资企业为下游厂商提供产品作为其中间投入品（前向联系）并未对国内企业市场进入行为产生显著的作用。④FDI 的横向溢出对企业退出效应（R_x）表现出显著为正的影响作用，这表明外资企业带来的竞争效应、市场利润变薄等原因显著地促使同行业的国内企业退出市场。而 FDI 的前向和后向联系都对退出效应影响不显著。

进一步研究发现，前向溢出仅对资本密集型行业的进入效应存在正向影响，而对劳动密集型行业影响不显著。这种现象的主要原因是，外资企业的产品是资本密集型的，这可以带来较强的技术溢出，从而吸引以资本密集型产品为中间投入品的国内资本密集型企业进入市场；但是，对于劳动密集型企业，却对其产生较高的"进入壁垒效应"，因此使得 FDI 的前向溢出对劳动密集型企业的进入效应作用并不显著。另外，也发现后向关联溢出仅对劳动密集型企业的退出效应有显著为正的影响，这主要是由于外资企业对上游厂商较高的要求，同时劳动力密集型企业存在较大的技术差距，难以吸收外资企业带来的技术溢出，难以提高自身生产率，导致后向关联溢出仅对劳动密集型企业退出效应有显著的正向影响。

政策启示：①继续坚定不移地坚持改革开放，积极引入 FDI，以发挥其对国内市场要素重置的正向作用，从而促进国内要素的优化配置。②政府必须积极地进一步降低市场的进入、退出壁垒，优化资本市场，加快全国统一的劳动力市场建设，以更好地利用 FDI 溢出所带来的要素重置作用，进而提高中国制造业的总量生产率。③采取一定的措施适当抑制外资企业的过度扩张，以免其突出的市场竞争力对国内企业带来的强大退出效应影响民族产业的生存和发展。④对于劳动密集型企业，政府要采取政策引导、资金扶持等积极的措施，帮助它们提高自主创新能力，提高产品质量，提高企业现代化水平，尽量与国际化标准相衔接，争取能够为外资企业做配套；同时提高员工素质，提高企业管理水平，努力缩小与外资企业的技术差距，积极吸收外资企业的技术溢出。

第7章 进出口贸易与中国制造业要素重置

——基于动态面板数据的实证分析

7.1 引言

近些年来,研究进出口贸易与中国生产率增长关系的文献尤为突出。但是绝大多数文献是从技术溢出的角度研究这一重要问题的,如李小平、朱钟棣(2006),谢建国、周露昭(2009),钱学峰等(2011)等。然而,正如 Petrin 等(2011)所言,如果不增加新投入,总量生产率的提升可以通过两种途径得以实现,途径一:企业创新或者学习、模仿先进企业得以实现;途径二:要素重置,即要素重新配置往更具价值的市场活动。很明显,进出口贸易产生的技术溢出通过途径一促进国内企业的总量生产率提升已经被国内外大量文献证明是有效和客观存在的。那么,进出口贸易是否会通过途径二影响国内企业加总生产率的提高呢?

事实上,进出口贸易过程中的进口和出口都可能会对包括资本、劳动力、企业家和中间投入品等在内的国内要素市场带来巨大冲击;这些稀缺性的生产要素如果从从事低价值市场活动的企业中重置往从事高价值市场活动的企业,或者从生产率低的企业重置往高生产率的企业,这必将带来加总生产率的提高。尤其是在企业进入、退出市场过程中,资本和劳动力等要素面临创造性破坏,这种重置过程将更为突出,导致加总生产率的变动将更强烈。本书立足于这种现实,基于一个加总生产率的分解框架,使用动态面板数据的系统广义矩方法研究了进出口贸易对我国制造业要素重置的作用，试图从一个创新的视角揭示进出口贸易对中国经济发展的重要影响。

7.2　理论分析

发生在产业内和产业间的要素重置是加总生产率提升的重要方式，企业是要素重置的主要角色扮演者，这一问题在近十年来越来越成为国际贸易理论和实证文献的重要研究对象，比较典型的文献有 Melitz（2003）、Tybout（2003）和 Bernard 等（2007）。其中影响最大的当数 Melitz（2003），这篇新新贸易理论的奠基作品指出，进出口贸易中的进口贸易带来的竞争作用是促使企业间要素重置的重要原因，另外出口贸易带来的强大的推动作用也同样重要：面向出口市场的高生产率企业扩张它们的市场份额，这必然通过"掠夺"低生产率企业的要素为代价，导致了要素重置，这种"掠夺"有可能迫使某些低生产率的企业最终退出市场。

总结最近的一些相关文献，可以将进出口贸易对要素重置的影响文献分成两个不同方面。一方面是进出口贸易对在位企业间的要素重置。Bernard 等（2007）研究发现，在美国，资本密集型企业受到进口竞争的影响较为典型，这些企业将通过增加其资本强度和提高高技能员工的比例的方法来应对进口竞争，这一过程也即发生了进口竞争下的资本和劳动力等要素重置。Coucke 和 Sleuwaegen（2008）利用比利时的制造业数据也发现，由于外包产生的服务进口竞争导致了国内一些优势企业不得不提高资本投入和人力资源方面的投入。这些文献表明，进出口贸易会促使要素从一些从事低价值市场活动的在位企业中重置到从事较高价值市场活动的在位企业，这一过程导致了加总生产率的提高。

另一方面是进出口贸易对企业进入、退出的影响。在理论上，进出口贸易带来了更多的市场机会，而且进出口贸易带来的技术溢出也是促进企业进入市场的重要力量。而进出口贸易对企业退出的推动力主要包括进口竞争、降低市场利润率和出口强度等。除了高生产率企业在扩张过程中对低生产率企业在要素市场上的"挤出"和"掠夺"之外,高生产率企业在生产过程中由于对要素有更多的需求,其增长过程中,有可能会导致要素价格上升,其必然降低市场利润率,这将导致一些低生产率企业退出市场。利用欧洲几个国家的制造业行业数据,Colantone 和 Sleuwaegen(2008)发现,贸易开放度的增加提升了产业层次的退出率,这主要是通过进口竞争渠道产生的作用;对于市场进入率,贸易开放度的提高降低了企业的市场进入率,这主要是由进口竞争和出口强度产生作用的。

7.3 研究方法

7.3.1 计量模型

参考 Harrison 等(2011)的实证检验方法,我们建立研究进出口贸易对要素重置效应影响的计量模型。

$$Y_{jt} = \beta_0 + \beta_1 Y_{jt-1} + \beta_2 \text{Trade}_{jt-1} + \beta_3 \text{RSC}_{jt} + \beta_4 (K/L)_{jt-1} + \beta_5 \text{TFP}_{jt-1} + M_{it} + \varepsilon_{jt}$$

$$(7.1)$$

其中,Y_{jt} 是因变量,为节约篇幅,要素重置效应仅考虑在位企业重置效应(R_s)、进入效应(R_e)、退出效应(R_x)、要素重置综合效应(R_t)。Trade 为本书的解释变量:进出口贸易,我们用行业的进出口额与行业工业增加值的比值来衡量。j 为行业,t 为年份。

基于已有文献,本书的控制变量包括:RSC 是行业中国有企业比重,用来控制国有企业对行业中的要素重置效应的影响作用,使用各行业国有企业销售额与行业销售总值的比值来衡量。K/L 为行业人均资本存量增长率,本书用各年的行业固定资产原值与行业从业人员数量比值的增长率来代替,主要用来控制行业资本存量的变化对要素重置的影响。TFP 为行业全要素生产率,该变量我们用随机前沿方法测度行业的全要素生产率后得到。由于要素重置效应具有一定的滞后性,因此,本书将变量贸易开放(Trade)、行业人均资本存量(K/L)、全要素生产率的增长率(TFP)均滞后一期。同时,由于行业要素重置效应是不断变化的过程，为了控制先前的要素重置效应对后期的要素重置的影响效应，本书引入要素重置效应的滞后项 Y_{jt-1} 进行控制，因此，模型（7.1）为动态方程。M_{it} 为一组虚拟变量，包括行业虚拟变量、年份虚拟变量。要素重置效应测度中用到的数据来自于中国工业企业数据库，其余数据均来自各年的《中国统计年鉴》和《中国工业经济统计年鉴》。

7.3.2 要素重置效应的测度

测度中国制造业要素重置效应，是开展本书实证分析的基础性工作。我们设定企业生产要素包括资本（K）、劳动力（L）和中间投入品（M），参照相关理论，使用 Tornqvist 逼近，根据 Petrin 和 Levinsohn（2012）的方法进行分解，并将企业分成在位、进入和退出三种类型，则总量生产率 APG 有：

$$APG_{G,t} \approx \sum_{i \in S_t} \overline{D}_{it} \Delta \ln A_{it} + \sum_{i \in S_t} \left[\overline{D}_{it} \varepsilon_{ik'} - \overline{c}_{ik't} \right] \Delta \ln X_{ik't} + \sum_{i \in E_t} \left[D_{it} - \sum_{k'} c_{ik't} \right] - \sum_{i \in X_{t-1}} \left[D_{i,t-1} - \sum_{k'} c_{ik',t-1} \right]$$

其中，$c_{ik't} = \dfrac{W_{ik't} X_{ik't}}{VA_t} = \dfrac{P_i Q_i}{VA_t} \times \dfrac{W_{ik't} X_{ik't}}{P_i Q_i} = D_{it} \times s_{ik't}$；$\overline{c}_{ik't} = \dfrac{c_{ik't} + c_{ik',t-1}}{2}$；

$VA_t = \sum_i VA_{it}$；$s_{ik'} = \dfrac{W_{ik'} X_{ik'}}{P_i Q_i}$；$W_{ik}$ 等于第 k 种投入的单位成本，X_{ik} 为 i 企业投入的量，P 为价格，Q 为量，企业集合 S 为在位企业集合；X 为退出企业集合，E 为进入企业集合。为了能够研究贸易开放对制造业要素重配的影响，我们将 Domar 权细化到两位数行业，有 $D_{it} = \dfrac{P_{it} Q_{it}}{\sum_{i \in H} VA_{it}}$，H 为企业所属的两位数行业。

根据总量生产率的总公式可以得到一些变量的具体计算公式，有：

（1）$\sum_{i \in S_t} \left[\overline{D}_{it} \varepsilon_{ik'} - \overline{c}_{ik't} \right] \Delta \ln X_{ik't}$ 为在位企业的要素重置效应，根据要素不同，则分为劳动力重置、资本重置和中间投入品重置，加总后为在位企业要素重置效应（R_s）。

（2）$\sum_{i \in E_t} \left[D_{it} - \sum_{k'} c_{ik't} \right]$ 为进入效应（R_e），这反映了企业进入引起的重新配置对总量生产率的影响。

第7章 进出口贸易与中国制造业要素重置

（3）$\sum_{i \in X_t}\left[D_{i,t-1} - \sum_{k'} c_{ik't-1}\right]$ 为退出效应（R_x），这反映了企业退出市场引起的重新配置对总量生产率的影响。

我们将数据中存在错漏的企业剔除，并将企业人数少于 10 人的样本也剔除在外。对于企业进入和退出的衡量，为了简化问题，跟大多数国内相关文献一样，即根据企业法人代码在时间上的分布状况来判断企业的进入、退出。数据库有对应的工业总产值（P_iQ_i）、工业增加值（VA_i）、应付工资加福利费（W_1X_1）、中间总投入（P_jM_{ij}）的数据，这些数据将价格、产量、工资等各种因素包括在其中。企业资本（X_2），本书使用企业的固定资产净值年平均余额进行测度。资本的租金价格（W_2），参照 Hsieh 和 Klenow（2009）的处理方法，用 5% 的年均利率加上 5% 的折旧衡量。同时，本书假设只有一种中间投入（M_{i1}），且假设同一企业的中间投入在各年份价格（P_i）保持不变，于是则有 $\Delta lnM_{i1} = \Delta lnP_iM_{i1}$；在这种假设下，我们就可以直接使用企业中间投入总值来衡量企业中间投入量。

7.4 实证结果

7.4.1 要素重置效应的计算

根据要素重置效应的测度方法，使用 2000～2009 年中国制造业的企业微观数据，并经过适当而又合理的数据处理，经过计算，我们得到各行业要素重置效应的结果，整理后得到表 7－1。

表 7－1 2000～2009 年制造业各行业要素重置效应（平均值）

制造业行业	在位企业要素重置（R_s）	进入效应（R_e）	退出效应（R_x）	要素重置综合效应（R_t）
农副食品加工业	0.1216	0.1272	0.1053	0.1435
食品制造业	0.1096	0.0755	0.0649	0.1202

续表

制造业行业	在位企业要素重置（h_s）	进入效应（R_e）	退出效应（R_x）	要素重置综合效应（R_t）
饮料制造业	0.0974	0.0943	0.0885	0.1032
烟草制造业	0.0648	0.0903	0.1092	0.0459
纺织业	0.0879	0.0833	0.0646	0.1066
纺织服装、鞋、帽制造业	0.0618	0.0783	0.0629	0.0772
皮革及其制品业	0.0863	0.0848	0.0695	0.1016
木材加工及制品业	0.1079	0.1449	0.0971	0.1557
家具制造业	0.0945	0.1020	0.0742	0.1223
造纸及纸制品业	0.0913	0.0653	0.0530	0.1036
印刷业和记录媒介的复制	0.0686	0.0673	0.0472	0.0887
文教体育用品制造业	0.053	0.0640	0.0477	0.0693
石油加工、炼焦及核燃料加工	0.1226	0.0794	0.0681	0.1339
化学原料及化学制品制造业	0.1268	0.0844	0.0572	0.1540
医药制造业	0.0849	0.0891	0.0652	0.1088
化学纤维制造业	0.107	0.0830	0.0599	0.1301
橡胶制品业	0.1104	0.0674	0.0592	0.1186
塑料制品业	0.0971	0.0952	0.0691	0.1232
非金属矿物制品业	0.1085	0.0880	0.0657	0.1308
黑色金属冶炼及压延加工业	0.1612	0.0771	0.0645	0.1738
有色金属冶炼及压延加工业	0.1694	0.1243	0.0772	0.2165
金属制品业	0.1199	0.1044	0.0691	0.1552
通用设备制造业	0.1230	0.0931	0.0648	0.1513
专用设备制造业	0.1161	0.0955	0.0602	0.1514
交通运输设备制造业	0.1139	0.0840	0.0629	0.1350
电气机械及器材制造业	0.1133	0.1062	0.0583	0.1612
通信设备及其他电子制造业	0.1253	0.0742	0.0431	0.1564
仪器仪表及机械制造业	0.1135	0.1744	0.0382	0.2497

从表 7-1 中可以看到，烟草行业的要素重置综合效应最小，其仅为 0.0459，该行业的高度国有垄断是这种状况出现的主要原因。仪器仪表及文化、办公用机械制造业的要素综合重置效应最大，为 0.2497，这主要是由于该产业在地方政府的支持下，大批新企业的开设带来了较大的净进入效应，从而导致了较大的要素综合重置效应。

7.4.2 进出口贸易对要素重置效应的影响

为了克服动态方程（7.1）中滞后因变量的内生性问题，本书采用广义矩估计法（GMM）来估计。并且根据本书的实际，我们采用 Arellano 和 Bover (1995)，Blundell 和 Bond (1998) 提出的系统广义矩估计量进行估计。系统广义矩估计量在一阶差分广义矩估计量的基础上进一步使用了水平方程的矩条件，将滞后变量的一阶差分作为水平方程中相应的水平变量的工具。本书报告的结果为系统广义矩的估计结果。

分析表7-2的结果可以看到，Hansen 检验和 Arelleno - Bond 序列相关检验的 p 值均显示模型能很好地通过这些统计检验，从而证明本书使用系统广义矩的有效性。

表7-2　进出口贸易对中国制造业要素重置效应的影响检验结果

	R_s		R_e		R_x		R_t	
常数	1.773 **	1.819 *	1.446 *	1.306 **	0.793	0.605	1.017 **	1.341 *
	(0.037)	(0.066)	(0.083)	(0.017)	(0.316)	(0.224)	(0.025)	(0.067)
Y_{jt-1}	0.043 *	0.038 ***	0.060	0.009 *	0.019 **	0.031 *	0.023 *	0.041 *
	(0.073)	(0.000)	(0.144)	(0.071)	(0.033)	(0.052)	(0.064)	(0.085)
$Trade_{jt-1}$	0.092 ***	0.116 ***	0.032	0.075	0.027 *	0.033 **	0.097 ***	0.137 **
	(0.000)	(0.000)	(0.293)	(0.373)	(0.052)	(0.036)	(0.000)	(0.039)
RSC_{jt}		-0.031 *		-0.030 **		-0.057 **		-0.034 **
		(0.088)		(0.047)		(0.014)		(0.027)
$(K/L)_{jt-1}$		-0.043		-0.031		-0.043		-0.105
		(0.419)		(0.358)		(0.193)		(0.201)
TFP_{jt-1}		0.005 *		0.020 *		0.013 *		0.029 *
		(0.063)		(0.082)		(0.064)		(0.088)
行业、年份哑变量	控制	控制	控制	控制	控制	控制	控制	控制
Hansen test	0.537	0.471	0.193	0.250	0.374	0.541	0.363	0.390
AR_1	0.031	0.026	0.082	0.063	0.057	0.033	0.064	0.045
AR_2	0.336	0.509	0.561	0.485	0.383	0.470	0.401	0.442
观测值	280	280	280	280	280	280	280	280

注：括号内为 p 值；*、**、*** 分别表示在10%、5%、1%水平下显著；AR_1、AR_2 分别表示误差项一阶和二阶自相关检验值，报告的均为系统广义矩的估计结果。

（1）进出口贸易对企业要素重置综合效应（R_t）产生了显著的正向影响，这说明综合来看，进出口贸易对国内企业的要素重置产生了突出的促进作用，进出口贸易活动不仅对国内企业产生了技术溢出效应，而且还产生了要素重置效应，这将会优化国内的资源配置，促使总量生产率的提高。

（2）从分解情况来看，进出口贸易对在位企业要素重置效应（R_s）有显著的促进作用，这说明进出口贸易活动促进了国内在位企业的资本、劳动力、中间投入品的重置，在进出口贸易活动带来的驱动力作用下，这些要素从生产率较低的在位企业重置往生产率较高的在位企业，或者从从事低价值市场活动的在位企业重置往从事高价值市场活动的企业，这也是加总生产率提升的重要来源。

进出口贸易对企业进入效应（R_e）的作用系数虽然为正，但是在统计上并不显著，这就是说进出口贸易并未对中国制造业的企业市场进入行为有显著的促进作用。贸易开放对企业退出效应（R_x）表现出显著为正的影响作用，表明在贸易开放带来的进口竞争、高生产率企业带来的"挤出效应"以及市场利润变薄等一系列驱动力的作用下，显著地促进了一些低生产率的企业或者从事低价值市场活动的企业退出市场。

（3）国有企业比重对各企业要素重置效应均表现出显著为负的影响，这与大多数研究的结论一致，为了保护国有企业的利益，国家和地方政府采用各种手段限制市场进入和退出，并且削弱市场竞争；当然，这必然带来了市场效率的降低。

（4）可以看到行业全要素生产率（TFP）对企业要素重置效应均表现为显著的正向作用，这主要是由于在中国制造业中生产率越高的行业，其面临更为激烈的市场竞争，市场的优胜劣汰效应表现得比较明显，这必然使得要素重置表现得较为突出，市场的进入、退出行为较为频繁。而行业人均资本存量增长率（K/L）对企业要素重置效应的作用不显著。

7.4.3 分行业子样本估计结果

由于进出口贸易可能对不同性质行业的要素重置带来不同的影响，因此为了能够区分行业之间的差异性，我们将 28 个行业分成资本密集型和劳动密集型行业，分别对这两种类型的行业采用系统广义矩进行估计，结果报告见表 7 - 3。

表 7 - 3　进出口贸易对中国制造业要素重置效应的影响检验结果

	R_s		R_e		R_x		R_t	
	资本密集型行业	劳动密集型行业	资本密集型行业	劳动密集型行业	资本密集型行业	劳动密集型行业	资本密集型行业	劳动密集型行业
常数	1.902 * (0.074)	1.064 * (0.053)	1.594 * (0.061)	1.306 ** (0.017)	0.945 (0.388)	0.426 * (0.080)	1.017 ** (0.025)	1.341 * (0.067)
Y_{jt-1}	0.044 (0.272)	0.089 * (0.075)	0.030 ** (0.036)	0.057 * (0.064)	0.093 (0.117)	0.153 (0.302)	0.075 (0.773)	0.049 * (0.071)
$Trade_{jt-1}$	0.063 *** (0.000)	0.174 *** (0.000)	0.026 (0.293)	0.053 * (0.080)	0.024 ** (0.011)	0.047 * (0.073)	0.043 ** (0.026)	0.027 * (0.094)
RSC_{jt}	-0.037 * (0.055)	-0.037 * (0.062)	-0.040 ** (0.037)	-0.055 ** (0.032)	-0.052 * (0.073)	-0.030 ** (0.028)	-0.061 * (0.080)	-0.048 * (0.061)
$(K/L)_{jt-1}$	-0.040 (0.279)	-0.051 (0.143)	0.023 (0.303)	-0.082 (0.411)	-0.037 (0.202)	-0.070 (0.104)	-0.029 (0.231)	-0.092 (0.470)
TFP_{jt-1}	0.005 * (0.068)	0.004 * (0.081)	0.011 * (0.073)	0.026 * (0.077)	0.030 ** (0.029)	0.017 * (0.088)	0.009 * (0.065)	0.013 ** (0.043)
行业、年份哑变量	控制	控制	控制	控制	控制	控制	控制	控制
Hansen test	0.449	0.307	0.274	0.215	0.385	0.397	0.426	0.501
AR_ 1	0.062	0.018	0.049	0.036	0.041	0.075	0.059	0.033
AR_ 2	0.507	0.392	0.381	0.460	0.437	0.418	0.372	0.403
观测值	120	160	120	160	120	160	120	160

注：括号内为 p 值；*、**、*** 分别表示在 10%、5%、1% 水平下显著；AR_ 1、AR_ 2 分别表示误差项一阶和二阶自相关检验值，报告的均为系统广义矩的估计结果。

Hansen 检验和 Arelleno - Bond 序列相关检验结果显示均通过这些统计检验。分析表 7 - 3 的结果可以看到，解释变量贸易开放（$Trade_{jt-1}$）对各因变量的影响效应绝大部分的符号和显著性均与全样本估计结果相同，这说明我们实证模型（7.1）具有较强的稳健性。重点关注因变量进入效应（R_e），可以发现进出口贸易仅对劳动密集型行业的进入效应存在正向影响，且在 10% 的水平上显著；而对资本密集型行业影响不显著。我们认为这种现象出现的主要原因是，进出口贸易给国内带来了更多的市场机会，但是这种市场机会主要是针对于中国具有优势的劳动密集型行业的，进出口贸易促进了更多的劳动密集型企业的进入。但是，对于资本密集型行业，由于中国本身并不具备优势，贸易开放带来的市场竞争和更为高企的市场约束阻碍了企业的市场进入，考察期内，这种"进入壁垒效应"抵消了由于更多市场机会带来的"进入吸引力"，因此使得进出口贸易对资本密集型企业的进入效应作用并不显著。

7.5　结论与政策启示

本章从一个全新的视角即要素重置的视角研究了进出口贸易对国内经济的重要影响。在使用2000~2009年企业层面的数据测度了中国制造业要素重置效应的基础上，使用动态面板数据系统广义矩方法检验了进出口贸易对要素重置效应的影响作用。研究得到如下结论：进出口贸易对中国制造业的要素重置综合效应存在显著的促进作用，这说明进出口贸易对国内企业的要素重置产生了积极的作用，进出口贸易不仅对国内企业产生了技术溢出效应，而且还产生了要素重置效应，这将会优化国内的资源配置，促使总量生产率的提高，这也是国内研究者所忽视的。从分解来看，进出口贸易对在位企业要素重置效应和企业退出效应均有显著的正向作用。进一步通过分劳动密集型行业和资本密集型行业子样本研究发现，进出口贸易仅对劳动密集型行业的进入效应存在显著的正面影响，而对资本密集型行业的进入效应作用不明显。

政策启示：①继续坚定不移地坚持改革开放，鼓励企业积极参与国际市场竞争，积极采取各项政策措施促进进出口贸易，以发挥贸易开放对国内市场要素重置的正向作用，从而促进国内要素的优化配置。②在继续鼓励具有传统优势的劳动密集型行业不断优化升级、提升国际竞争力的基础上，国家必须通过政策、资金等措施扶持一些资本密集型企业进入市场，并且激励一些具有较强自主创新能力的资本密集型企业参与国际竞争，如有可能可以在国外设立研发和生产机构，或者在国外上市，从而将国外的资本和劳动力等要素为我所用。③政府必须积极地进一步降低市场的进入、退出壁垒，优化资本市场，加快全国统一的劳动力市场建设，以便更好地利用贸易开放带来的要素重置作用，进而提高中国制造业的加总生产率。

第 8 章　外资银行进入是否有利于
改善资本误置

中国银行业长期以来以四大国有银行为主，然而，国有银行对信贷的所有制歧视被认为是中国资本误置的重要原因。2001 年 12 月 11 日中国加入世界贸易组织（WTO）后，外资银行可以分阶段进入当地货币市场；自 2006 年底以来，外国银行进入的限制得到了全面的废止。最近的研究表明，外资银行的进入能优化银行业的效率，促进制造业竞争力的提升。那么外资银行进入对中国资本市场的误置状况产生何种影响？这一问题的回答将有利于为中国的金融业开放提供理论依据和政策参考。我们采用 Rajan 和 Zingales（1998）提出的连续型倍差法，深入地考察了外资银行进入对行业资本误置的影响效应及其作用机理。

8.1　文献综述

与本章相关的文献可以分为两方面：一方面是资本误置有关的文献；另一方面与外资银行进入有关。关于资本误置的研究，Restuccia 和 Rogerson（2008）、Hsieh 和 Klenow（2009）等做出了奠基性的工作。后续，Midrigan 和 Xu（2014）从金融市场摩擦力、Larrain 和 Stumper（2017）从资本核算自由化、Gopinath 等（2017）从金融一体化、Wu（2018）从政策扭曲的角度考察了对资本误置的影响。Brandt，Biesebroeck 和 Zhang（2012）发现中国国有企业为了保持高工资高福利，倾向于借贷和投资，导致资本误置加重。资本市场的不完善，尤其是偏向国有企业的优惠政策是资本误置的主要原因。刘盛宇和尹恒（2018）在 Asker 等

（2014）的基础上，考察在生产率波动导致资本错配的过程中资本调整成本所承担的中介角色。

与外资银行进入有关的文献研究表明，金融自由化可以提升国内银行业竞争和技术溢出，从而改善内资银行的技术效率。然而，文献也认为并未发现外资银行的绩效强于内资银行的证据。Lai 等（2016）研究了外资银行进入对中国工业企业生产率的影响效应，他们发现外资银行整体上并未对工业企业生产率产生影响作用。诸竹君、黄先海、余骁（2018）研究了外资银行进入对制造业企业加成率变化的影响和作用机制，他们证实外资银行进入有利于提升我国制造业企业市场势力。白俊等（2018）发现外资银行进入显著促进了本土企业创新，且随着进入时间的增加，其作用不断强化。

虽然研究外资银行进入的文献日益丰富，但是，已有文献鲜有从资本配置的角度考察外资银行进入的影响作用。与本书最接近的一类文献是关于讨论外资银行进入对何种企业融资有积极影响，这方面存在两种不同的观点。一种观点是所谓的"撇脂效应"，即外资银行仅贷款给大规模的企业。如 Gormley（2010）认为外资银行的进入往往有利于较大的公司，而对于中小企业，甚至可能因为信息不对称而受到损害。姚耀军等（2015）认为外资银行进入导致中国大型民营企业的融资约束被显著缓解，而中小型民营企业的融资约束则被显著强化。而另一种观点则认为外资银行进入有利于缓解所有种类企业的融资约束，包括中小企业。然而，关于中国的中小企业、民营企业能否得到外资银行进入的"红利"，尚存在较大的争议。

同时，已有文献认为中国的资本误置主要发生在国有企业和民营企业之间，即银行借贷中的所有制歧视是中国资本误置的主要原因之一。然而，已有文献测度的资本误置既包括来自同一所有制组群的企业之间，又包括不同所有制组群企业之间，因此，现有文献均尚未能很好地区分资本误置的来源。基于此，本书创新性地将资本误置分成行业总体资本误置和组群间资本误置。

本书的可能边际贡献在于：首先，在衡量资本误置方面，与国内文献常见的利用省级层面的数据相比：我们基于 Hsieh 和 Klenow（2009）等的框架方法，利用大样本的工业企业微观数据，将资本误置的衡量细化到城市行业层面，并创新性地将资本误置分成行业总体资本误置和组群间资本误置；我们将城市内每个行业分成八类群体，构建组群间资本误置，以便更为深入细致地测度资本误置。其次，我们使用 Rajan 和 Zingales（1998）的方法构建一个连续型倍差法模型，该方法在评价地区经济特征或政策对行业性质的影响上具有较强的优势；而且我们考虑了城市金融发展水平、地区制度质量等多种因素对外资银行进入的资本误置改善效应的影响作用。最后，本书揭示了外资银行进入对资本误置影响的内部机理，我们认为外资银行进入主要通过间接增强银行业竞争程度进而削弱行业资本误置水平，并且使用逐步回归法检验了这一推测。我们的研究可以在一定程度上澄清中小企业、民营企业能否得到外资银行进入的"红利"的争议。

8.2　实证模型、变量、数据

8.2.1　实证模型

Rajan 和 Zingales（1998）的连续型倍差法框架依赖于不同的部门受到经济现象或政策差异化影响的假设。因此，受到经济现象或政策影响更突出的部门可以被作为处理组，而其他部门作为对照组；这种方法由于其突出的优势，近些年来得到广泛的应用。根据 Lai 等（2016）的研究，外资银行进入对不同外部融资依赖度的行业产生差异化的影响。据此，我们建立连续型倍差法模型：

$$\mathrm{MisK_{cst}} = \beta_0 + \beta_1 \mathrm{FBE_{ct}} \times \mathrm{ExtFinDep_s} + \gamma X + \delta_{ct} + \delta_{st} + \delta_{cs} + \varepsilon_{cst} \qquad (8.1)$$

其中，$\mathrm{MisK_{cst}}$ 为城市 c 的 s 行业在 t 年的资本误置水平，包括行业总体资本误置和组群间资本误置。$\mathrm{FBE_{ct}}$ 为城市 c 在 t 年是否有外资银行进入的哑变量，$\mathrm{ExtFinDep_s}$ 为行业 s 的行业外部融资依赖度，用行业非现金流融资占总资本投资的比率衡量（这一变量并不需要跨城市和年份进行构建）。模型（8.1）中最为关键的是外资银行进入哑变量与行业外部融资依赖度的交互项（$\mathrm{FBE_{ct}} \times \mathrm{ExtFinDep_s}$）。$\delta_{ct}$ 为城市年份固定效应，δ_{st} 为行业年份固定效应，分别控制了城市和行业随年份变化的特征；δ_{cs} 为城市行业固定效应用于控制城市行业的固定特性，这一设定可以更好地避免变量遗漏带来的误差问题；ε_{cst} 为随机误差项。

X 为城市层面影响资本误置水平的控制变量，参照 Hsieh 和 Klenow（2009）、韩剑和郑秋玲（2014）等文献，我们控制包括城市层面的政府干预度（GS）、贸易开放度（Trade）、行业竞争程度（Com）等变量。

8.2.2 变量

8.2.2.1 外资银行进入（FBE）

与 Lai 等（2016）类似，我们采用哑变量的方式衡量外资银行进入。如果在某年度该城市有外资银行进入办理地方货币业务，则为 1，否则为 0。比如在上海，则 $FBE_{c,2001} = 0$，且 $FBE_{c,2002} = 1$。外资银行进入国内资本市场是政策因素的外生结果，可以削弱变量间内生性带来的误差。并且，该方法具有良好的甄别性，由于 2002~2006 年仅有 20 个城市允许外资银行经营人民币业务，从而可精确地设定研究对象。

8.2.2.2 资本误置（MisK）

我们将行业资本误置水平分成总体资本误置（MisKA）和组群间资本误置（MisKB）。首先采用 Hsieh 和 Klenow（2009）与 Asker，Collard－Wexler 和 De Loecker（2014）等的框架方法测度行业总体资本误置水平，即行业总体资本误置水平等于城市 c 行业 s 中企业资本边际收益产品对数值的标准差（sd（$\ln MRPK_{csit}$））。根据企业异质性的垄断竞争框架，在城市 c 的行业 s 中，企业 i 在 t 年的产出生产函数满足如下公式，有：

$$Y_{csit} = A_{csit} K_{csit}^{\alpha_{cs}} L_{csit}^{\beta_{cs}} \tag{8.2}$$

其中，Y_{csit}、A_{csit}、K_{csit}、L_{csit} 分别是企业的增加值、生产率、资本投入、劳动力投入，α_{cs}、β_{cs} 分别为城市 c 行业 s 的资本及劳动力的份额，我们采用广义矩（GMM）方法分别估计每个城市的两位数行业要素份额系数。首先对数化柯布—道格拉斯生产函数，于是有：

$$y_{csit} = \gamma_0 + \alpha_{cs} k_{csit} + \beta_{cs} l_{csit} + \omega_{csit} + \varepsilon_{csit} \tag{8.3}$$

其中，$\ln A_{csit} = \gamma_0 + \omega_{csit} + \varepsilon_{csit}$，采用广义矩（GMM）方法估计式（8.3）有两方面的优势：首先可以克服 OLS 回归的估计偏误；其次可以更准确地估计出系数的大小。

企业经营目的是追求利润最大化，利润最大化受制于企业效率水平及其所面临的要素扭曲。根据 Hsieh 和 Klenow（2009），企业面临产出扭曲（τ_{Ysi}）和资本扭曲（τ_{Ksi}），于是企业利润最大化满足式（8.4）：

$$\pi_{csit} = (1 - \tau_{Ycsit})P_{csit}Y_{csit} - \omega_c L_{csit} - (1 + \tau_{Kcsit})R_c K_{csit} \tag{8.4}$$

其中，$P_{csit}Y_{csit}$ 为增加值的货币体现，ω_c 为城市 c 的平均工资，R_c 为城市的资本租金率（其等于利率与折旧率之和）。

于是企业资本边际收益产品为：

$$MRPK_{csit} = \alpha_{cs}\frac{\sigma - 1}{\sigma}\frac{P_{csit}Y_{csit}}{K_{csit}} \tag{8.5}$$

其中，σ 为替代弹性，于是城市 c 中 s 行业在 t 年的行业总体资本误置水平（MisKA）为：

$$MisKA_{cst} = sd(\ln MRPK_{csit}) \tag{8.6}$$

然而，行业总体资本误置没有揭示不同所有权属性、不同规模企业组群之间的资本误置状况；因此，我们进一步构建行业内组群间资本误置。Restuccia 和 Rogerson（2017）认为，误置是生产单位劳动力或者资本边际收益产品的离散程度，根据这一定义，我们可以用式（8.7）来衡量城市每个行业内组群间资本误置水平（MisKB）：

$$MisKB_{cst} = sd(\ln MRPK_{csgt}) \tag{8.7}$$

我们将每个城市的 28 个两位数行业中的企业根据所有权属性和规模分成八类组群 g，包括国有大型企业组、国有中小型企业组；民营大型企业组、民营中小型企业组；集体制大型企业组、集体制中小型企业组；外资大型企业组、外资中小型企业组。本书将城市本行业同一所有权属性企业二等分，规模较大的定义为大型企业，其他为中小型企业。要计算组群间资本误置，必须先计算每个组群 g 的资本边际收益产品（MRPK）。根据式（8.5），则每个组群资本边际收益产品（$MRPK_{csgt}$），满足：

$$MRPK_{csgt} = \alpha_{cs}\frac{\sigma - 1}{\sigma}\frac{P_{csgt}Y_{csgt}}{K_{csgt}} \tag{8.8}$$

我们将城市 c 行业 s 的组群 g 内的每个企业的 $P_{csit}Y_{csit}$、K_{csit} 分别相加得到 $P_{csgt}Y_{csgt}$、K_{csgt}。

8.2.2.3　控制变量

政府财政干预（GS）：财政补贴是政府影响资源配置的一种重要干预手段，

如企业亏损补贴和出口退税补贴在一定程度上保护了那些生产效率较低的企业，导致受补贴的低生产率企业缺乏退出或转型的积极性，从而扭曲资源配置。我们加总中国工业企业数据库中各个企业的补贴收入，得到各城市各年的财政补贴总额，然后用财政补贴总额占该市当年工业总产值的比重来衡量财政干预程度。

贸易开放（Trade）：Melitz（2003）从理论上提出，贸易开放可以导致低生产率的企业退出，投入要素将从退出的企业中重新配置往高生产率企业，从而增加加总生产率。我们用城市进出口贸易总额占其 GDP 比重来衡量贸易开放度。

市场竞争程度（Com）：市场竞争可以通过缩小加成率离差的渠道进而削弱资源错置。市场竞争程度的加剧可以迫使低生产率的企业进行市场收缩其至退出市场，退出的资源将进入其他企业，从而影响资本误置程度。我们采用赫芬达尔指数衡量，有公式：

$$HHI\_Emply_{st} = \sum_{i \in s} (Emply_{ist}/Sum\_Emply_{st})^2 \tag{8.9}$$

其中，$Emply_{ist}$ 为 s 行业中 i 企业在 t 年的从业人员，Sum_Emply_{st} 为 s 行业在 t 年总的从业人员，为了更好地解释实证结果，我们令 $Com_{st} = 1 - HHI\_Emply_{st}$。

8.2.2.4 数据来源及处理

本书研究的空间单位为地级以上城市，限于某些城市数据指标缺失，故此选择 275 个地级以上城市为研究对象。由于外资银行开放的过程是从 2001 年末开始，2006 年末外资银行可以自由进入中国市场，因此选取 2000～2007 年的数据可以较好地研究这一问题。企业数据库中包含了企业相应年度销售产值、固定资产年底余值、从业人数、企业年龄、中间投入值、资本投入等。我们参照 Brandt 等（2012）处理数据的方法，对企业数据进行匹配和整理，得到待估计的企业面板数据。其他相关数据来自相应年份的《中国统计年鉴》《中国城市统计年鉴》、各省统计年鉴及中经网数据库。与 Hsieh 和 Klenow（2009）一样，我们假设资本租金率 R = 0.23（其中利率 i = 0.03，折旧率 δ = 0.2），替代弹性 σ = 3。

8.2.2.5 主要变量的描述统计

表 8 – 1 主要变量描述统计

变量	变量解释	最小值	最大值	均值	标准误
FBE	外资企业进入	0	1	0.272	0.445
MisKA	行业总体资本误置	1.032	3.184	1.829	0.711
MisKB	组群间资本误置	1.376	3.572	2.034	0.559
ExtFinDep	外部融资依赖度	– 0.054	1.385	0.465	0.334

8.3 实证结果

8.3.1 基准实证结果

表 8 – 2 的第（1）、第（2）列与第（3）、第（4）列相比，前两列的因变量为行业总体资本误置，后两列的因变量为组群间资本误置。第（1）、第（3）列未考虑外资银行进入（FBE）与行业外部融资依赖度（ExtFinDep）的交互项。第（1）、第（3）列报告的结果显示，外资银行进入虽然对总体资本误置和组群间资本误置有为负的作用，但不显著。从第（2）、第（4）列结果发现，外资银行进入与行业外部融资依赖程度交互项系数对总体资本误置和组群间资本误置均显著为负。这表明，平均而言，外资银行进入对行业资本误置水平并无显著的影响作用。但考虑行业的外部融资依赖度后，则外资银行进入则对资本误置产生了显著的改善作用，即外资银行进入对资本误置的改善作用依赖于行业的外部融资依赖度。

为了能够理解外资银行进入对资本误置的边际效应，我们以两个外部资金依赖度不同的行业为例，其一为食品制造业，该行业的外部资金依赖度均值为0.108，其二为化学纤维制造业，该行业的外部资金依赖度均值为1.076，这两个行业的外部资金依赖度的差异为 1.076 - 0.108 = 0.968；使用表 8 - 2 第（2）、第（4）列报告的系数，外资银行进入对这两个外部资金依赖度不同的行业总体资本误置、组群间资本误置差异的平均影响效应分别为：- 0.017 × 0.183 × 0.968 = - 0.0030 和 - 0.032 × 0.183 × 0.968 = - 0.0057。

比较来看，外资银行进入对组群间资本误置的改善作用要大于总体资本误置，这说明外资银行进入对资本误置的改善作用主要发生在不同组群之间。这一结果表明，外资银行进入尤其有利于资本在不同所有制企业及不同规模的企业之间重新配置，从而推动了资本的优化配置。出于信息不对称等原因，外资银行进入可能对不同属性的企业融资存在差异化的影响。我们的实证结果从另外一个角度支持了外资银行进入对企业融资影响的第二种观点，即外资银行进入有利于缓解所有种类企业的融资约束，包括中小企业。外资银行进入在一定程度上削弱了信贷中的所有制歧视、规模歧视，改善了中国资本误置状况。而且，事实上我们的结论与姚耀军等（2015）支持的外资银行进入存在"撇脂效应"是不矛盾的，原因在于他们强调的是外资银行进入的直接效应，但忽视了外资银行进入的间接效应。虽然可能外资银行仅贷款给大规模的企业，但是外资银行由于其强大的竞争力，给国内的银行业带来了"竞争效应"，提升了国内银行业竞争程度。特别是对于大型国有银行、股份制商业银行、外资银行进入间接迫使国内银行向那些以前未覆盖的客户。更多的资金重配置往优质的民营企业、中小规模企业，所有制歧视、规模歧视得到缓解，从而削弱了资本误置程度。

控制变量中政府财政干预系数均显著为正，说明政府财政干预扭曲了资本配置，不公平的政府财政干预导致一些低生产率企业占据较多的资本，甚至转变为僵尸企业，而生产率较高企业却无法获得充足的资本，导致资本误置。贸易开放度系数均为负，且均在 10% 以上的水平显著，这说明贸易开放有利于资本误置程度的降低。一般来说，贸易开放度较高的城市，企业进入和退出市场壁垒较低，资本流动性更强；并且贸易开放带来的市场竞争程度提升也有利于资本配置效率的提高。行业竞争水平对总体资本误置和组群间资本误置水平均有显著的降低作用，行业本身竞争越激烈、竞争力越强的企业越容易获得更多的资源，资本的配置越具有效率。

表 8-2 外资银行进入对资本误置的影响

变量	(1) MisKA	(2) MisKA	(3) MisKB	(4) MisKB
常数	2.846*** (8.129)	0.439*** (12.884)	-2.177*** (-14.682)	1.506 (1.189)
FBE_{ct}	-0.034 (-1.206)	-0.028 (-1.379)	-0.066 (-1.074)	-0.079 (-1.233)
$FBE_{ct} \times ExtFinDep_s$	—	-0.017*** (-3.685)	—	-0.032*** (-3.911)
GS_{ct}	0.035*** (5.782)	0.033*** (5.497)	0.049*** (6.188)	0.052*** (6.530)
$Trade_{ct}$	-0.104*** (-4.156)	-0.107*** (-4.554)	-0.147*** (-5.194)	-0.155*** (-4.827)
Com_{ct}	-0.328*** (-4.890)	-0.315*** (-4.294)	-0.339*** (-5.177)	-0.354*** (-5.242)
城市—年份固定效应 行业—年份固定效应 城市—行业固定效应	控制	控制	控制	控制
R^2	0.548	0.552	0.571	0.589
观测值	61600	61600	61600	61600

注：括号内为 t 值；*、**、***分别表示在 10%、5%、1%水平下显著。

8.3.2 按城市金融发展水平分组的检验

一般而言，地区金融发展水平越高，金融系统调集信贷资源能力就越强，银行信贷供给相对越充裕，在配置信贷资源方面越具有效率。因此，外资银行进入可能在不同金融发展水平的城市对资本配置产生差异性的影响。衡量发展中国家金融发展最具代表性的指标为金融相关比率，即以金融机构提供给私人部门贷款总额与 GDP 的比值度量。但是，目前国内并未提供城市层面的这一数据，因此，限于数据可获得性，本书采用城市层面的金融机构存款比率衡量金融发展，即用全市年末金融机构存款余额与 GDP 的比值代替，其可以衡量金融中介的整体规模。我们将金融发展水平处于较高的1/3城市，定义为高金融发展水平组；其余2/3城市为中低金融发展水平组。

从表8－3中第（1）列和第（2）列结果可以看到，外资银行进入与行业外部融资依赖程度交互项在高金融发展水平的城市不显著。而第（3）列和第（4）列中，外资银行进入与行业外部融资依赖程度交互项系数在中低金融发展水平城市显著为负。检验结果表明，外资银行进入对资本误置的改善效应主要在中低金融发展水平城市体现出来。主要原因在于，从配置效率的角度来看，金融市场相对欠发达地区平均提供的信贷少于所需，加剧了金融摩擦，从而导致资本难以向生产率更高的企业配置，尤其是难以向私人部门配置，这也是资本误置的主要原因。外资银行进入可能一方面增加了城市的信贷总供给，另一方面可能通过增强银行业竞争等渠道促使信贷得到优化配置，然而这种作用仅在金融发展水平相对较低的地区才有明显的作用。这主要是由于在金融发展水平较高的地区，企业借贷的渠道更丰富，可以更多地向非银行金融中介融资，外资银行进入对于企业融资约束的缓解作用较小，带来的对城市银行业竞争程度的提升作用表现得不显著。

表8－3　按城市金融发展水平分组的检验结果

变量	(1) MisKA 高金融发展 水平组	(2) MisKB 高金融发展 水平组	(3) MisKA 中低金融发展 水平组	(4) MisKB 中低金融发展 水平组
常数	0.354 *** (6.882)	− 1.108 (− 1.359)	0.692 * (1.914)	2.517 *** (9.204)
$FBE_{ct} \times ExtrinDep_s$	− 0.008 (− 0.920)	− 0.015 (− 1.265)	− 0.022 *** (− 4.629)	− 0.040 *** (− 4.801)
GS_{ct}	0.025 *** (4.290)	0.038 *** (4.164)	0.043 *** (6.287)	0.053 *** (6.376)
$Trade_{ct}$	− 0.126 *** (− 3.631)	− 0.188 *** (− 4.227)	− 0.095 *** (− 4.682)	− 0.116 *** (− 4.828)
Com_{ct}	− 0.309 *** (− 5.036)	− 0.321 *** (− 4.626)	− 0.325 *** (− 5.221)	− 0.356 * (− 5.019)

续表

变量	（1） MisKA 高金融发展 水平组	（2） MisKB 高金融发展 水平组	（3） MisKA 中低金融发展 水平组	（4） MisKB 中低金融发展 水平组
城市—年份固定效应 行业—年份固定效应 城市—行业固定效应	控制	控制	控制	控制
R^2	0.567	0.574	0.571	0.583
观测值	20384	20384	41216	41216

注：括号内为 t 值；＊、＊＊、＊＊＊分别表示在 10%、5%、1% 水平下显著。

8.3.3　地区制度质量的影响作用

地区制度质量可能在多方面影响外资银行进入对资本误置的改善作用。第一，良好的制度质量有利于吸引外资银行进入，从而增强对资本误置的改善作用。姚耀军（2016）认为金融业务的典型"契约密集"特征强化了腐败的摩擦，纯粹的市场"新进入者"角色提高了"有效腐败"的成本，因此腐败对外资银行进入形成阻碍，通过腐败控制来提升制度质量将十分有利于吸引外资银行的进入。第二，对于发展中国家，制度因素阻碍了资源的有效重置，是发展中国家生产率相对低下的重要原因。对于中国这一世界上最大的新兴市场国家，制度环境中尤其以国有偏向政策、要素市场不完善以及政府对市场的干预等几个因素，对资源误置影响最突出。

本书在关键变量外资银行进入与行业外部融资依赖度交互项（$FBE_{ct} \times Ext\text{-}FinDep_s$）基础上再乘以城市制度质量（$INQ_{ct}$）以构造三重交互项来进行检验。制度质量参考毛其淋、许家云（2015）的方法，即使用公式：$INQ_{ct} = market_{pt} \times (1 - Deg_{mt})$ 衡量。其中，$market_{mt}$ 为市场化指数，数据来自樊纲等（2010）的《中国市场化进程指数报告》；Deg_{mt} 为市场分割指数，与已有大多数研究一致，我们也采用价格指数法来测度省区的市场分割程度。由于市场化指数和市场分割指数均只有省区（m）层面的数据，因此，各城市的制度质量均使用所在省份的市场化指数和市场分割指数计算而得。

从表8-4中报告的结果可以看到，地区制度质量（INQ_{ct}）系数均显著为负，表明制度环境越好的地区，总体资本误置和组群间资本误置程度就越低。三重交叉项（$FBE_{ct} \times ExtFinDep_s \times INQ_{ct}$）的估计系数也均为负，且在1%的水平上显著，这说明在制度质量越高的地区，外资银行进入通过行业外部资金依赖度，对行业资本误置发挥了越强的改善作用。这意味着地区制度质量强化了外资银行进入的资本误置改善效应；对比而言，对组群间资本误置的改善作用更强。

表8-4　地区制度质量对外资银行进入资本误置改善效应影响的检验结果

变量	（1）MisKA	（2）MisKA	（3）MisKB	（4）MisKB
常数	-1.267 （-1.042）	-0.407 *** （-8.539）	1.598 *** （14.122）	2.364 *** （11.674）
INQ_{ct}	-0.074 *** （-11.970）	-0.068 *** （-12.135）	-0.092 *** （-10.627）	-0.098 *** （-12.004）
$FBE_{ct} \times ExtFinDep_s$	-0.019 *** （-4.502）	-0.018 *** （-4.977）	-0.030 *** （-4.119）	-0.028 （-5.044）
$FBE_{ct} \times ExtFinDep_s \times INQ_{ct}$	—	-0.008 *** （-7.225）	—	-0.014 *** （-7.189）
GS_{ct}	0.037 *** （6.320）	0.032 *** （6.829）	0.051 *** （6.974）	0.049 *** （6.631）
$Trade_{ct}$	-0.119 *** （-3.827）	-0.104 *** （-4.135）	-0.155 *** （-4.876）	-0.161 *** （-4.658）
Com_{ct}	-0.331 *** （-5.075）	-0.340 *** （-5.282）	-0.364 *** （-6.971）	-0.368 *** （-6.059）
城市—年份固定效应 行业—年份固定效应 城市—行业固定效应	控制	控制	控制	控制
R^2	0.580	0.592	0.588	0.597
观测值	61600	61600	61600	61600

注：括号内为t值；*、**、***分别表示在10%、5%、1%水平下显著。

8.3.4　稳健性检验

我们采取如下两个方法进行稳健性检验：第一，改变资本误置的衡量方法，用方差代替标准差衡量总体资本误置和组群间资本误置，得到新的因变量，重新进行估计。第二，改变外资银行进入的测度方法，即采用外资银行的从业人数和资产规模各自占地区总额的比例来衡量外资银行进入程度。估计结果系数的符号与显著性保持稳定，这说明我们的模型是稳健的。

8.4　传导机制检验

8.4.1　模型与变量

Gopinath 等（2017）等文献都认为资本重置是资本误置程度降低的主要原因，资本从生产率较低的企业向较高企业重新配置可以降低行业内资本误置程度。我们认为外资银行进入带来的"竞争效应"，间接通过影响地区银行业竞争程度影响企业资本重置。Xu（2011）等发现，外资银行较高的竞争力，导致即使它们的潜在进入也将给国内现有银行带来巨大的压力，这是外资银行进入降低资本误置的主要传导机制。我们借鉴中介模型的设计思路，采用逐步回归方法来检验这一深层次的作用机制。

第一步：首先考察外资银行进入（FBE）对银行业竞争（BankC）的作用：

$$BankC_{mt} = \beta_{10} + \beta_{11} FBE_{mt} + \eta Y + \varepsilon_{1mt} \tag{8.10}$$

第二步：分析银行业竞争（BankC）对企业资本存量变化（ΔK）的影响：

$$\Delta K_{it} = \beta_{20} + \beta_{21} BankC_{mt} + \beta_{22} Bank_{mt} \times EXFinDep_s \times TFP_{it-1} + \gamma X + \varepsilon_{2imst} \tag{8.11}$$

在第二步中，如果三重交互项的系数 β_{22} 显著为正，则表明银行业竞争促进了高 TFP 的企业资本存量增加，也即资本重置往生产率（TFP）更高的企业，进而削弱行业资本误置。由于数据可获得性的限制，对于银行业竞争（BankC），我们跟吴晗、贾润崧（2016）一样，使用《中国市场化进程指数报告》的一项子指标"金融业市场化"——非国有金融机构吸收存款占全部金融机构存款之比来代理，该指标仅有省级层面的数据。相应省级层面的外资银行进入变量，我们定义为：在 t 年，省份 m 至少有一个城市允许外资银行进入，则 $FBE_{mt} = 1$。

ΔK 为企业资本存量的变化值，由于工业企业数据库并未直接给出企业资本存量，而使用固定资产净值或余值直接代替可能存在一定的偏误。因此，我们采用张天华、张少华（2016）的方法，以企业固定资产净值为基础，使用永续盘存法计算企业资本存量。具体方法如下：

首先利用企业固定资产净值估计企业成立年份的实际资本存量：

$$K_{it_0} = \frac{NNK_{it_d}}{p_{t_0} \prod_{t=t_0}^{t_d} (1 + g_{it})} \tag{8.12}$$

其中，企业的开业时间为 t_0，K_{it_0} 是企业 i 成立年份的资本存量，t_d 是企业 i 第一次出现在数据库的年份，NNK_{it_d} 是企业 i 第一年出现在数据库时的固定资产净值，g_{it} 是企业 i 固定资产净值的增长率，p_{t_0} 是 t_0 期的投资价格指数。如果能够获得固定资产原值和净值的真实增长率，二者推算的企业初期的实际资本存量应该是一致的。

$$K_{it} = \begin{cases} \dfrac{NNK_{it_d}}{p_t \prod_{s=t}^{t_d} (1 + g_{is})} \times g_{it} + K_{it-1} & t < t_d \\[3mm] \dfrac{NNK_{it} - NNK_{it-1}}{p_t} + K_{it-1} & t \geqslant t_d \end{cases} \tag{8.13}$$

在得到初期的实际资本存量的基础上，对各期固定资产净值变化量进行价格平减并累加即可估计出实际资本存量。K_{it} 表示企业 i 在时期 t 的实际资本存量，NNK_{it} 表示企业 i 在时期 t 的名义固定资产净值，g_{is} 表示企业 i 在时期 s 的拟合名义资本增长率，p_t 表示企业在时期 t 的投资价格指数。

企业生产率（TFP）我们采用 Ackerberg 等（2015）的方法进行估算，该方法可以较好地克服生产函数设定的偏误。

在第一步模型的式（8.10）中，Y 为省级层面控制变量，参照已有文献，我们控制省区人均 GDP、人口规模（Pop）、基础设施（Inf）、人力资本（HC）等变量，均取对数。对于第二步模型（8.11），我们使用 2SLS 方法（两阶段最小二乘法）考察银行业竞争对企业资本存量变化的影响，采用外资银行进入哑变量作为工具变量。

8.4.2 检验结果

结果报告在表 8-5，第一步方程的结果显示，外资银行进入的系数显著为正，这说明外资银行进入加强了所在省份的银行业竞争程度。第二步使用 2SLS 法（两阶段最小二乘法）检验结果发现，三重交叉项的系数均显著为正，说明银行业竞争导致了资本发生了重置，向高生产率的企业重新配置，削弱了所有制歧视、规模歧视，从而降低了资本误置程度。

表 8-5　传导机制检验

变量	第一步（OLS）		变量	第二步（2SLS）	
	BankC (1)	BankC (2)		ΔK (3)	ΔK (4)
常数	-2.269*** (-17.128)	-1.809*** (-14.675)	常数	1.085 (1.329)	-0.892*** (-5.374)
FBE	0.145*** (8.790)	0.122*** (9.532)	BankC	0.092 (0.807)	0.088 (1.461)
ln（GDP）		0.036*** (5.792)	BankC × ExtFinDep × TFP	0.103*** (9.844)	0.126*** (10.750)
ln（Pop）		-0.002 (-1.475)	GS_{ct}		0.052*** (8.007)
ln（Inf）		-0.065 (-0.897)	$Trade_{ct}$		-0.198*** (-5.435)
ln（HC）		0.382 (1.263)	Com_{ct}		-0.377*** (-6.481)
时间固定效应 省区固定效应	控制	控制	企业固定效应 城市固定效应 产业—年份固定效应	控制	控制
R^2	0.470	0.488	R^2	0.682	0.736
观测值	2200	2200	观测值	1146758	1146758

注：括号内为 t 值；*、**、*** 分别表示在 10%、5%、1% 水平下显著。

两式相结合表明外资银行进入通过间接加剧国内银行业竞争进而促进资本重置，其中，我们认为主要是两种机制在发挥作用。第一是银行对潜在借贷者的

"筛选机制"，这种机制最重要。外资银行进入城市后，随着银行业竞争加剧，在竞争压力之下，为了获得更好的收益，可能国内银行会改善信息获得方式，比如开发新技术，通过更完善的信息渠道获得更准确的信息，从而更好地筛选借款人。随着银行改善对借款人的筛选，他们或许能够筛选到更能保证贷款回报的企业，这些企业一般都具有更强的市场竞争力的特征。Boyd 和 De Nicolo（2005）运用非对称信息模型，研究发现信贷市场竞争的加剧对企业的经营活动形成了制约，借方和贷方通过维持短期借贷合同分享盈余，只有高质量的企业才会被筛选出来，随着银行业竞争的加剧，这些企业获得的贷款支持也越多。因此，在竞争压力下，银行放贷将倾向于以企业生产率等企业竞争力指标而不是以所有制、规模、经营年限等指标作为衡量标准。从而导致银行信贷原来存在着的所有制歧视、规模歧视等信贷歧视得到一定程度的改善，即降低资本误置水平。外部融资依赖程度越高的行业，银行业竞争带来的改善作用越明显。

第二是"企业动态演化机制"。外资银行进入城市后，加剧的银行业竞争有利于促进所在地区的企业动态演化，即促进新企业的进入、企业的退出以及在位企业的扩张或收缩。这样就可能改变现有企业在银行业竞争加剧后所面临的经济状况。例如，银行业竞争有利于促进创造性破坏，促进了新企业进入或其他现有高生产率企业的扩张可能会推高当地投入或劳动力的价格；生产率较低的企业可能更容易受到要素价格上涨的影响，这可能会促使资源重新配置到更有生产率的企业，进一步迫使一些生产率低的企业退出市场。另外，银行业竞争加剧可能会增强当地的非金融企业的产品市场竞争性，银行业竞争使得企业更容易获得信贷支持，从而提升高生产率企业在产品市场的竞争性，进而挤出低生产率企业，进一步促进资本重置往高生产率企业。

8.5 结论与政策启示

在创新性地将行业资本误置水平分成总体资本误置和组群间资本误置基础上，本章使用 Rajan 和 Zingales（1998）提出的连续型倍差法，研究了加入 WTO

后外资银行进入对行业资本误置的影响。研究发现，平均而言外资银行进入对资本误置未产生显著的影响，但考虑行业外部融资依赖度后，外资银行进入显著地改善了行业资本误置，并且对组群间资本误置的削弱作用更突出。这一结果表明，外资银行进入更有利于促进资本在不同所有制、规模的企业之间进行优化配置。进一步研究发现，外资银行进入对资本误置的改善作用仅在金融发展水平较低的城市有显著的影响作用，地区的制度质量有利于加强外资银行进入对资本误置的改善作用。使用逐步回归法的影响机制检验表明外资银行对国内银行业产生了"竞争效应"，通过间接提升银行业竞争程度进而促进资本向高生产率的企业重置，从而降低资本误置程度。因此，本章的研究发现，外资银行进入对资本误置产生的改善效应，主要是外资进入的间接效应发挥作用的结果。我们的研究在一定程度上可以澄清关于中国的中小企业、民营企业能否得到外资银行进入的"红利"的争议；本章认为"撇脂效应"仅是外资银行进入的直接效应，外资银行进入还能对国内银行业产生间接的"竞争效应"，即提升银行业竞争程度，促进了资本重新配置，这有利于优质的中小规模企业、民营企业融资。

本章的研究蕴含一定的政策意义：首先，继续推进银行业的改革开放，政府部门应落实外资银行的国民待遇政策，以促进外资银行本土化经营，更好地发挥其对国内银行业的竞争效应。同时，要在一定程度上规范外资银行的行为，以防止其过于强大的竞争力对国内银行业造成破坏作用。其次，各地区，尤其是金融发展水平较低的地区，一方面，要积极采取多种措施以吸引外资银行进入为本土企业及个人提供服务；另一方面，继续在国家统一部署下实施并落实放松银行业管制政策，打破国有大型银行的垄断，降低中小银行尤其是股份制银行的进入门槛，促使银行业有序竞争。最后，在深化金融对外开放的同时，尤其要注意继续推进和深化市场化改革，努力提升地区制度质量，这样才能更好地发挥金融业开放带来的积极作用，促进资本的优化配置。

第9章 银行业竞争是否有利于降低资本误置

——基于连续型倍差法的实证检验

与美国等发达国家相比,中国的资源误置状况非常严重。Hsieh 和 Klenow (2009) 发现,如果以美国为基准,中国的要素配置效率达到其程度,全要素生产率 (TFP) 将提高 30%~50%。Brandt 等 (2013) 认为在 1985~2007 年,要素误置导致中国非农业部门生产率平均下降了 20%。聂辉华和贾瑞雪 (2011) 使用 OP 方法研究发现,中国存在相当严重的资源误置,国有企业是误置的主要因素之一,行业内部的资源重置效应近似于 0,进入和退出效应没有发挥作用。而罗德明等 (2012) 则认为,去掉扭曲后,中国的人均 GDP 将增长 115.61%。在资源误置中,资本误置带来的全要素生产率损失更为突出。Song 等 (2011) 认为资本市场误置可以解释中国 TFPR 损失的 38%,如果中国的资本配置效率达到英国的水平,TFPR 将提高 20%。因此,降低中国资本市场的误置程度对于提升全要素生产率,促进经济发展具有突出的意义。

近些年来,在内外压力的作用下,中国银行体制的管制政策得到了一定程度的放松,概括起来主要有两次较大的变化,第一次是在 2006 年取消对城市商业银行跨异地设立分行、支行的管制政策,第二次是在 2009 年取消对城市商业银行和股份制商业银行异地设立分行、支行以及营业网点数量的管制政策。经过这两次的变化,股份制商业银行和城市商业银行的覆盖面及营业网点数量得到较大程度的增长,使银行业竞争程度产生较大程度的提高。银行业竞争程度提升被证明有利于降低信贷成本和抵押品、贷款额的门槛,企业信贷的获取,也有利于降低市场利率,从而缓解企业的融资约束。那么,对于非常重要的中国资本市场的误置状况,银行业的竞争结构对其会产生何种作用呢?这一问题的回答将有利于为中国的金融市场改革提供理论依据和政策参考。我们采用 Rajan 和 Zingales（1998）提出的连续型倍差法，深入地考察了银行业竞争对行业资本误置的影响效应。

9.1　文献综述

与本章相关的文献可以分为两方面：一方面是与银行业竞争有关；另一方面是与资本误置有关。银行业竞争的研究始于 Jayaratne 和 Strahan（1996），他们研究发现银行业放松管制显著地促进了地区经济的增长。在此之后涌现出大量的相关研究，银行业竞争研究发现可以促进创造性破坏，提升企业破产比率，有利于企业创新。近些年来，研究者发现银行业竞争对缓解企业融资约束有一定的积极作用。Ryan（2014）等利用欧洲中小企业的大样本数据，研究发现银行业竞争缓解了中小企业的融资约束。Leon（2014）发现银行业竞争使得企业更容易获得银行信贷服务。唐清泉和巫岑（2015）发现银行业竞争性的市场结构有助于缓解企业 R&D 投资的融资约束，影响在民营、高科技、小型企业中表现更加显著。余超和杨云红（2016）认为竞争能够显著减轻金融所有制歧视，促进了银行信贷配置效率的提高。然而，在理论上，这一机制并不是很清晰。主要原因在于银行业竞争加剧的同时可能导致银行失去市场势力，这将使银行在中小企业借贷中缺乏足够的控制力，进而可能促使银行不愿意向中小企业提供信贷。

关于资源误置的研究，近些年来，影响力较大的有 Restuccia 和 Rogerson（2008）、Hsieh 和 Klenow（2009）等。在此基础上，Midrigan 和 Xu（2014）从金融市场摩擦力，Wu（2018）从政策扭曲，Larrain 和 Stumper（2017）从资本核算自由化，Gopinath 等（2017）从金融一体化的角度探讨了对资本误置的影响。在中国，Brandt 等（2012）认为中国国有企业为了保持高工资高福利，倾向于借贷和投资，导致资本误置加重。资本市场的不完善，尤其是偏向国有企业的优惠政策是资本误置的主要原因。刘盛宇和尹恒（2018）在 Asker（2014）等的基础上，考察在生产率波动导致资本错配的过程中资本调整成本所承担的中介角色。

综合起来，已有的研究仅有少数文献考虑了银行业竞争可能存在的优化资本配置的作用，如余超和杨云红（2016），然而他们仅分析了银行业竞争带来的所有制歧视的改善问题；但是，信贷歧视除了所有制歧视外，事实上还存在规模歧视、年龄歧视等，这也是资本误置产生的主要原因。同时，他们的研究并未能克服变量之间的内生性问题，可能导致估计结果存在偏误；另外，他们并未深入地揭示这种作用的内在影响机制。本章的特色在于：首先，我们以资本误置为切入点，并且构建了一个衡量资本误置的综合指标，通过深入地考察银行业竞争对行业资本误置的影响，以研究银行业放松管制带来的银行业竞争通过削弱资本误置对经济发展产生的正向作用。其次，我们使用 Rajan 和 Zingales（1998）的方法构建一个连续型倍差法模型，该方法可以较好地评价地区经济特征或政策对行业属性异质性的影响；同时，为了克服变量之间的内生性，本章采用了工具变量法对问题进行研究，从而使得估计结果更为准确。再次，我们考虑了行业异质性、不同类型银行对银行业竞争的资本误置削弱效应的影响作用。最后，本章揭示了银行业竞争对资本误置影响的内部机理，我们提出随着银行业竞争加剧，银行的"筛选机制"和市场的"动态演化机制"发挥作用，从而导致资本重置往高生产率或高资本边际收益产品的企业，进而降低了资本误置水平。

9.2　实证模型、变量、数据

9.2.1　实证模型

我们使用 Rajan 和 Zingales（1998）的方法构建一个连续型倍差法（DID）模型，Rajan 和 Zingales（1998）的连续型倍差法框架依赖于不同的部门受到经济现象或政策差异化影响的假设。于是，受到经济现象或政策更高程度影响的部门可以被作为处理组，而其他部门作为对照组；这种方法由于易于操作，近些年来在实证研究中得到较好的推广和应用。在国内，如盛丹等（2011）、李波等

（2017）利用该方法研究了地区属性对产业增长的影响。

借鉴 Cornaggia 等（2015）等的思路，银行业竞争对行业的作用在较大程度上受到行业外部融资依赖度的影响，于是我们建立连续型倍差法模型：

$$\text{Misallocation}_{\text{Kcst}} = \beta_0 + \beta_1 \text{HHI\_bankbranch}_{ct} \times \text{ExtFinDep}_s + \gamma X + \delta_{ct} +$$

$$\delta_{st} + \delta_{cs} + \varepsilon_{cst} \tag{9.1}$$

其中，因变量 $\text{Misallocation}_{\text{Kcst}}$ 为城市 c 的 s 行业在 t 年的资本误置水平，$\text{HHI\_bankbranch}_{ct}$ 为城市 c 在 t 年的银行业竞争程度，ExtFinDep_s 为行业 s 的行业外部融资依赖度（这一变量并不需要跨城市和年份进行构建）。模型（9.1）中最为关键的是城市银行业竞争程度与行业外部融资依赖度的交互项（$\text{HHI\_bankbranch}_{ct} \times \text{ExtFinDep}_s$）。在这一倍差法回归中，如果交互项系数 β_1 为负，则表明更高的城市银行业竞争程度有利于降低城市内行业的资本误置程度，也即提升资本的配置效率；而且在高外部融资依赖度的行业尤其突出，反之亦然。并且可以根据系数大小、城市银行业竞争程度、高低行业外部融资依赖度的差距来计算银行竞争程度变化在不同外部融资依赖度行业带来的资本误置程度变化的差异值。因此，利用这一方法，可以评价在一个城市内随着银行业竞争程度的改变导致的高与低外部融资依赖度的行业之间的资本误置程度的变化状况。δ_{ct} 为城市年份固定效应，δ_{st} 为行业年份固定效应，分别控制了城市和行业随年份变化的特征；δ_{cs} 为城市行业固定效应用于控制城市行业的固定特性，这一设定可以更好地避免变量遗漏带来的误差问题；ε_{cst} 为随机误差项。

X 为城市层面影响资本误置水平的控制变量，参照 Hsieh 和 Klenow（2009）、韩剑和郑秋玲（2014）等文献，我们控制包括城市层面的政府干预度（GS）、贸易开放度（Trade）、行业竞争程度（Com）等变量。

9.2.2　变量

9.2.2.1　银行业竞争程度

参照余超和杨云红（2015）方法，我们从银监会公布的银行业金融机构的许可证资料中提取出各家商业银行的分支机构成立的时间和地址，进一步整理出每个地级以上城市在每一年度拥有各家商业银行的分支机构数量，然后根据每家银行在当地分支机构数量的占比计算 HHI 指数作为地区银行业垄断程度的度量指标（HHI_ branch）。

$$HHI\_ branch_{ct} = \sum_{n=1}^{N}(bankbranch_{nct}/\sum_{n=1}^{N}bankbranch_{nct})^2 \qquad (9.2)$$

其中，$bankbranch_{nct}$表示不同银行机构 n 在中国不同地级市 c 的年份 t 的营业网点数量。HHI_ branch 越大表示银行业垄断程度越高，我们借鉴张杰等（2017）的做法，将反映地区垄断程度的代理指标变量乘以 -1 来将其进行变换，变换后的代理指标为 HHI_ bankbranch，该数值越大，表明城市银行业竞争程度越高。

为了更好地比较各类银行对于银行业竞争程度的贡献，我们将银行分成国有商业银行、股份制商业银行、城市商业银行三类，因此，这三类银行的贡献指数如下：

国有商业银行：

$$HHI\_ bankbranch_{sct} = - \sum_{n=1}^{Ns}(bankbranch_{snct}/\sum_{n=1}^{Ns}bankbranch_{nct})^2 \qquad (9.3)$$

股份制商业银行：

$$HHI\_ bankbranch_{jct} = - \sum_{n=1}^{Nj}(bankbranch_{jnct}/\sum_{n=1}^{Nj}bankbranch_{nct})^2 \qquad (9.4)$$

城市商业银行：

$$HHI\_ bankbranch_{rct} = - \sum_{n=1}^{Nr}(bankbranch_{rnct}/\sum_{n=1}^{Nr}bankbranch_{nct})^2 \qquad (9.5)$$

其中，$bankbranch_{snct}$、$bankbranch_{jnct}$、$bankbranch_{rnct}$ 分别表示国有商业银行、股份制商业银行、城市商业银行在年份 t 的不同地级市 c 的营业网点数量。

9.2.2.2 资本误置

采用 Hsieh 和 Klenow（2009）、Asker 等（2014）等的框架方法测度资本误置水平。资本误配置水平等于城市 c 中 s 行业企业资本边际收益产品对数值的标准差（sd（log（$MRPK_{csit}$）））。根据企业异质性的垄断竞争框架，在每个城市 c 的行业 s 中，企业 i 在 t 年的产出生产函数满足如式（9.6）所示：

$$Y_{csit} = A_{csit}K_{csit}^{\alpha_{cs}}L_{csit}^{\beta_{cs}} \qquad (9.6)$$

其中，Y_{csit}、A_{csit}、K_{csit}、L_{csit}分别为企业的增加值、生产率、资本投入、劳动力投入，α_{cs}、β_{cs}分别为城市行业的资本及劳动力的份额，我们采用广义矩（GMM）方法分别估计每个城市的两位数行业要素份额系数。首先对数化柯布—道格拉斯生产函数，于是有：

$$y_{csit} = \gamma_0 + \alpha_{cs}k_{csit} + \beta_{cs}l_{csit} + \omega_{csit} + \varepsilon_{csit} \tag{9.7}$$

其中，$\ln A_{csit} = \gamma_0 + \omega_{csit} + \varepsilon_{csit}$，采用广义矩（GMM）方法估计式（9.7）有两方面的优势：首先可以克服 OLS 回归的估计偏误；其次可以更准确地估计出系数的大小。

企业经营目的是追求利润最大化，利润最大化受制于企业效率水平及其所面临的要素扭曲。根据 Hsieh 和 Klenow，企业面临产出扭曲（τ_{Ysi}）和资本扭曲（τ_{Ksi}），于是企业利润最大化满足式（9.8）：

$$\pi_{csit} = (1 - \tau_{Y\,csit})P_{csit}Y_{csit} - \omega_c L_{csit} - (1 + \tau_{K\,csit})R_c K_{csit} \tag{9.8}$$

其中，$P_{csit}Y_{csit}$ 为增加值的货币体现，ω_c 为城市 c 的平均工资，R_c 为城市的资本租金率（其等于利率与折旧率之和）。

于是企业资本边际收益产品为：

$$MRPK_{csit} = \alpha_{cs}\frac{\sigma - 1}{\sigma}\frac{P_{csit}Y_{csit}}{K_{csit}} \tag{9.9}$$

其中，σ 为替代弹性，于是城市 c 中 s 行业在 t 年的资本误置水平为：

$$Misallocation_{Kcst} = sd(\ln MRPK_{csit}) \tag{9.10}$$

9.2.2.3　控制变量

政府财政干预（GS）：财政补贴是政府影响资源配置的一种重要干预手段，如企业亏损补贴和出口退税补贴在一定程度上保护了那些生产效率较低的企业，导致受补贴的低生产率企业缺乏退出或转型的积极性，从而扭曲资源配置。我们加总中国工业企业数据库中各个企业的补贴收入，得到各城市各年的财政补贴总额，然后用财政补贴总额占该市当年工业总产值的比重来衡量财政干预程度。

贸易开放（Trade）：Melitz（2003）从理论上提出，贸易开放可以导致低生产率的企业退出，投入要素将从退出的企业中重新配置往高生产率企业，从而增加加总生产率。Alfaro 和 Chen（2018）认为来自跨国公司更为强大的市场竞争力，加速了内资企业间的资源重配置活动，以此提高企业生产率。这里用地区进出口贸易总额占其比重来衡量贸易开放度。

市场竞争程度（Com）：市场竞争可以通过缩小加成率离差的渠道进而削弱资源错置。市场竞争程度的加剧可以迫使低生产率的企业进行市场收缩甚至退出市场，退出的资源将进入其他企业，从而影响资本错置程度。我们采用赫芬达尔指数衡量，有公式：

$$HHI\_\ Emply_{st} = \sum_{i \in s} (Emply_{ist} / Sum\_\ Emply_{st})^2 \qquad (9.11)$$

其中，$Emply_{ist}$ 为 s 行业中 i 企业在 t 年的从业人员，$Sum\_\ Emply_{st}$ 为 s 行业在 t 年总的从业人员，为了更好地解释实证结果，我们令 $Com_{st} = 1 - HHI\_\ Emply_{st}$。

9.2.3 数据来源及处理

本书研究的空间单位为地级以上城市，限于某些城市数据指标缺失，故此选择 250 个地级以上城市为研究对象。企业数据来自于 2000～2012 年中国工业企业数据库。参照 Brandt 等（2012）处理数据的方法，对企业数据进行匹配和整理。我们对一些工业产值等关键变量出现明显错漏的企业进行删除、整理，最终得到待估计的企业面板数据。企业数据库中包含了企业相应年度新产品产值、销售产值、固定资产年底余值、从业人数、企业年龄、中间投入值、资本投入等，为我们的研究提供了较全面的数据。

银行数据来自中国银监会发布的全国金融机构的金融许可证信息，该数据库给出了单家金融机构的名称、批准成立日期、住所以及发证日期等金融许可证要素。其他相关数据来自相应年份的《中国统计年鉴》《中国城市统计年鉴》、各省统计年鉴及中经网数据库。要测度资本误置程度，必须正确选择相应的合适参数。参照 Hsieh 和 Klenow（2009）等的做法，我们假设资本租金率 R = 0.23（其中利率 i = 0.03，折旧率 δ = 0.2），替代弹性 σ = 3。

9.2.4 主要变量的描述统计

表 9 - 1　主要变量描述统计

变量	变量解释	最小值	最大值	均值	标准误
HHI_ bankbranch	银行业竞争程度	0.077	0.591	0.183	0.064
$Misallocation_{Kcst}$	资本误置	1.032	3.184	1.829	0.711
$ExtFinDep_s$	外部资金依赖度	-0.054	1.385	0.465	0.334

9.3　实证结果

9.3.1　基准实证结果

从表 9-2 报告的结果可以看到，关键变量城市银行业竞争（HHI_ bank-branch）与行业外部融资依赖程度（ExtFinDep）交互项的系数显著为负，加入控制变量后，该系数的符号与显著性不变；这表明银行业竞争降低了资本误置水平，特别是在高外部融资依赖度的行业表现突出。为了能够理解银行业竞争对资本误置的边际效应，我们以两个外部资金依赖度不同的行业为例，其一为食品制造业，该行业的外部资金依赖度均值为 0.108，其二为化学纤维制造业，该行业的外部资金依赖度均值为 1.076，这两个行业的外部资金依赖度的差异为 1.076 - 0.108 = 0.968；使用表 9-2 第（5）列报告的系数，那么银行业竞争对这两个外部资金依赖度不同行业的资本误置差异的平均影响效应为： -0.109 × 0.183 × 0.968 = -0.019。

表 9-2　银行业竞争对资本误置的影响

变量	(1)	(2)	(3)	(4)	(5)
常数	2.846 ***	-0.439 ***	-1.257	-0.244 ***	1.506
	(5.129)	(-3.884)	(-0.682)	(-4.153)	(1.189)
HHI_ bankbranch$_{ct}$ × ExtFinDep$_s$	-0.120 ***	-0.142 ***	-0.128 ***	-0.107 ***	-0.109 ***
	(-3.852)	(-3.972)	(-3.687)	(-3.774)	(-3.537)
GS$_{ct}$	—	0.023 ***	—	—	0.028 ***
		(5.194)			(4.886)
Trade$_{ct}$	—	—	-0.063 *	—	-0.064 *
			(-1.866)		(-1.907)
Com$_{ct}$	—	—	—	-0.253 ***	-0.267 ***
				(-4.194)	(-4.475)

续表

变量	(1)	(2)	(3)	(4)	(5)
城市—年份固定效应 行业—年份固定效应 城市—行业固定效应	控制	控制	控制	控制	控制
R^2	0.552	0.594	0.563	0.577	0.569
样本数	3000	3000	3000	3000	3000

注：括号内为 t 值；*、**、*** 分别表示在 10%、5%、1% 水平下显著。

控制变量中政府财政干预系数为正，且在 1% 的水平显著，这表明政府财政干预扭曲了资本配置，不公平的政府财政干预导致一些低生产率企业占据较多的资本，甚至转变为僵尸企业，而生产率较高企业却无法获得充足的资本，导致资本误置。贸易开放度系数为负，且在 10% 的水平显著，这说明贸易开放有利于资本误置程度的降低。一般来说，贸易开放度较高的城市，企业进入和退出市场壁垒较低，资本流动性更强；并且贸易开放带来的市场竞争程度提升也有利于资本配置效率的提高。行业竞争水平对资本误置水平有显著的降低作用，行业本身竞争越激烈、竞争力越强的企业越容易获得更多的资源，资本的配置越具有效率。

9.3.2 行业异质性的影响

已有研究表明，银行业竞争对不同属性的企业融资存在差异化的影响。因此，我们考虑行业中民营企业（PF）、中小规模企业（SF）、年轻企业（yog）比重对银行业竞争的资本误置削弱效应的影响作用，在关键变量银行业竞争与行业外部融资依赖程度交互项（$HHI\_bankbranch_{ct} \times ExtFinDep_s$）基础上再乘以行业的民营企业（PF）、中小规模企业（SF）、年轻企业（yog）比重以构造三重交互项。我们用各类企业的工业产值占该行业总的工业产值比重来衡量各类企业的比重，其中中小规模企业定义为工业产值小于行业平均产值的企业；年轻企业为执业年限小于或等于四年（yog）的企业。

表 9 - 3 第（1）列中三重交互项 $HHI\_bankbranch_{ct} \times ExtFinDep_s \times PF_s$ 系数显著为负，表明在外部融资依赖程度较大且民营企业比重高的行业，银行业竞争

带来的对资本误置的削弱影响更突出。这主要是中国传统资本市场中普遍存在的偏向国有企业的信贷政策，导致了严重的资本误置。Song 等（2011）认为中国的民营企业面临借贷约束而无法获取足够的资金支持，而低生产率的国有企业因为信用易获得而得以继续生存；另外，高生产率的民营企业因不得不依靠自身的内部积累而发展受限。银行业竞争加剧后，所有制歧视得到缓解，更多的资金重配置往民营企业，从而削弱了资本误置程度，故此在民营企业比重高的行业表现突出。余超和杨云红（2016）也认为竞争能够显著减轻金融所有制歧视，促进了银行信贷配置效率的提高。

表 9 - 3　行业异质性特征的影响

变量	(1)	(2)	(3)
常数	0.047 * (1.875)	1.236 *** (3.482)	- 0.229 *** (- 3.261)
$\text{HHI\_ bankbranch}_{ct} \times$ $\text{ExtFinDep}_s \times \text{PF}_s$	- 0.188 *** (- 3.761)	—	—
$\text{HHI\_ bankbranch}_{ct} \times$ $\text{ExtFinDep}_s \times \text{SF}_s$	—	- 0.145 *** (- 4.228)	—
$\text{HHI\_ bankbranch}_{ct} \times$ $\text{ExtFinDep}_s \times \text{yog}_s$	—	—	- 0.075 *** (- 4.237)
GS_{cts}	0.024 *** (4.653)	0.031 *** (4.802)	0.029 *** (4.323)
Trade_c	- 0.078 * (- 1.829)	- 0.066 ** (- 2.152)	- 0.069 * (- 1.984)
Com_{ct}	- 0.246 *** (- 5.129)	- 0.249 *** (- 5.006)	- 0.252 *** (- 4.932)
城市—时间固定效应 行业—时间固定效应 城市—时间固定效应	控制	控制	控制
R^2	0.543	0.525	0.538
样本数	3000	3000	3000

注：括号内为 t 值；*、**、***分别表示在 10%、5%、1%水平下显著。

第（2）列的三重交互项（HHI_ bankbranch$_{ct}$ × ExtFinDep$_s$ × SF$_s$）系数也为负，且在10%水平上显著。说明外部融资依赖程度较大且中小规模企业比重越高的行业，银行业竞争越有利于资本误置程度的降低。原因在于，由于规模的限制，银行在放贷中往往歧视中小规模企业，导致大量优质的中小规模企业无法获得充足的信贷资金，而一些规模较大但效率较低的企业却能获得较多资金，资本误置严重。银行业竞争的加剧，一些银行为了获得更好的收益，促使它们转向更多地为优质中小规模企业提供信贷资金，使得资本误置程度降低。

第（3）列的结果表明，年轻企业比重高的行业，银行业竞争带来的对资本误置的削弱影响更突出。年轻企业由于缺乏可以用于信贷抵押的资产，同时年轻企业由于经营时间较短，前景不太明朗，可能具有较强的风险，尤其是一些创新型企业，在信贷中难以被银行所青睐。于是，年轻的企业，尤其是刚进入市场的企业倾向于向新进入市场的银行及其分支机构寻求贷款；因此，如果新进入市场的银行及其分支结构能够改变地方信贷供给结构，那么这种效应应该对年轻的企业表现更突出。实证结果告诉我们，银行业竞争可以在一定程度上削弱信贷中的所有制歧视、规模歧视、年龄歧视。

9.3.3 不同类型银行的影响效应检验

不同类型银行在信贷市场中的垄断地位不同，国有商业银行具有较强的垄断地位，而中小银行的进入加强了银行业的竞争，削弱了国有商业银行的垄断地位。我们将三类银行对银行业竞争的贡献份额放入模型（9.1）中，分别考察这三类银行对资本误置的影响效应（见表9-4）。国有商业银行贡献额的系数虽然为负但绝对值最小，显著性也最弱；而股份制商业银行贡献额为负且系数绝对值最大，显著性也较突出。这表明股份制商业银行的银行业竞争的贡献份额产生了对资本误置最大的削弱作用，而城市商业银行的削弱作用次之，国有五大商业银行的作用最小。我们认为这主要是由于，相对于国有商业银行，股份制商业银行和城市商业银行的信息获取渠道更为多样、更为灵活；同时股份制商业银行与城市商业银行不具有政策性任务，政府干预的影响较弱，追求市场利益是企业的最主要目标，贷款利率具有更强的自主权，因此信贷资源能更好地得到配置。

而与城市商业银行相比，股份制商业银行不仅经营范围更广，经营方式更为多样，资金来源渠道更多，风险分散能力更强，而且能得到政府一定的支持；在具有城市商业银行的经营灵活性的同时，又具有国有商业银行的稳健优势，因此股份制商业银行在配置信贷资源上最具有效率，从而对资本误置产生了最大的削弱作用。

表 9 - 4　不同类型银行的影响效应

变量	(1)	(2)	(3)	(4)
常数	0.348 *** (5.272)	-3.071 *** (-3.465)	0.295 (1.104)	1.366 *** (2.687)
$HHI\_bankbranch_{sct} \times ExtFinDep_s$	-0.019 ** (-2.164)	—	—	-0.017 *** (-3.288)
$HHI\_bankbranch_{jct} \times ExtFinDep_s$	—	-0.128 *** (-5.397)	—	-0.121 *** (-5.162)
$HHI\_bankbranch_{rct} \times ExtFinDep_s$	—	—	-0.053 *** (-3.684)	-0.062 *** (-3.577)
GS_{ct}	0.034 *** (3.242)	0.025 *** (3.385)	0.029 *** (3.673)	0.023 *** (3.924)
$Trade_{ct}$	-0.090 *** (-2.533)	-0.085 * (-1.907)	-0.088 * (-1.829)	-0.094 * (-1.872)
Com_{ct}	-0.215 *** (-4.375)	-0.239 *** (-4.523)	-0.240 *** (-4.687)	-0.227 *** (-4.264)
城市—时间固定效应 行业—时间固定效应 城市—时间固定效应	控制	控制	控制	控制
R^2	0.510	0.527	0.508	0.513
样本数	3000	3000	3000	3000

注：括号内为 t 值；*、**、*** 分别表示在 10%、5%、1% 水平下显著。

9.3.4　内生性处理

银行业竞争与资本误置存在着双向因果关系，资本误置程度更低的行业可能效益更高，可能会吸引更多银行进入并提供服务，从而促进了银行业竞争水平的提升，因此导致两个变量之间存在内生性。为了消除变量之间的内生性，我们采用工具变量法以消除内生性，从而得到更为可靠的结论。

工具变量法是克服变量之间内生性较理想的选择。我们将所有城市分成直辖市、副省级城市和地级市三种，副省级城市、直辖市的银行业竞争程度使用同层级城市银行业竞争程度的平均值（不包括自身）衡量。地级市银行业竞争程度使用该城市所处的省区内 GDP 规模最接近的五个城市的银行业竞争程度（HHI_ bankbranch$_{spt}^{o}$）的当年平均值作为工具变量，如式（9.12）所示：

$$HHI\_\ bankbranch_{ct}^{IV} = \left(\sum_{s=1}^{m} \frac{GDP_{spt}}{\sum_{s=1}^{m} GDP_{spt}} HHI\_\ bankbranch_{spt}^{o} \right) / m，m = 5$$

(9.12)

张杰等（2018）认为，采用这一方法构建的工具变量具有如下特点：第一，中国的银行机构在不同地区间的存款和贷款等各种业务活动，具有显著的地域分割性特征。第二，从银行设立新的支行、分行以及选择营业网点数量扩张的地址决策动机看，同一省份内的 GDP 规模最为接近的地区，往往也是同一类型银行和不同类型银行进入地址的决策动机相似或类似的地区，甚至是本地区的银行面临结构性竞争过于激烈而考虑的可能备选地址之一，这两者之间必然具有高度的相关性。因此，适合作为工具变量。

我们采用 Hansen J 检验对工具变量回归所面临的过度识别问题进行检验。所有检验均不能拒绝回归不存在过度识别问题的原假设，即我们的工具变量回归设定是合适的。同时采用 F 检验对一阶段回归进行检验，检验的原假设是工具变量对内生变量没有充足的解释能力。从表 9-5 我们能够看出，所有的结果均表示拒绝原假设，即工具变量对内生变量具有充足的解释能力。表 9-5 报告的结果与前文相同，即城市银行业竞争（HHI_ bankbranch）与行业外部融资依赖程度（ExtFinDep）交互项的系数显著为负，加入控制变量后，该系数的符号与显著性不变；表明银行业竞争降低了资本误置水平，尤其是在高外部融资依赖度的行业表现突出。

表 9-5　银行业竞争对资本误置的影响（工具变量方法检验）

变量	(1)	(2)	(3)	(4)	(5)
常数	3.008 (1.422)	-0.936*** (-5.647)	1.389 (1.240)	0.642* (1.847)	-2.581*** (-2.927)
HHI_ bankbranch$_{ct}$ × ExtFinDep$_s$	-0.284*** (-4.166)	-0.252*** (-4.082)	-0.216*** (-3.902)	-0.269*** (-4.275)	-0.213*** (-4.113)
GS$_{ct}$	—	0.033*** (5.376)	—	—	0.026*** (5.103)
Trade$_{ct}$	—	—	-0.057* (-1.904)	—	-0.055* (-1.962)
Com$_{ct}$	—	—	—	-0.277*** (-4.825)	-0.291*** (-4.630)
城市—年份固定效应 行业—年份固定效应 城市—行业固定效应	控制	控制	控制	控制	控制
F 统计量	0.000***	0.000***	0.000***	0.000***	0.000***
Hansen J 统计量	0.734	0.785	0.766	0.791	0.807
R^2	0.509	0.519	0.511	0.504	0.524
样本数	3000	3000	3000	3000	3000

注：括号内为 t 值；*、**、***分别表示在 10%、5%、1%水平下显著。

9.4　影响机制分析

我们之前的分析表明银行业竞争促进了资本误置程度的降低，Hsieh 和 Klenow（2009）、Gopinath 等（2015）的研究表明，资本（或信贷资源）重新向高生产率、高资本边际收益产品配置是资本误置降低的主要途径。因此，银行业竞争是否导致资本（或信贷资源）发生重置呢？我们建立如下三重差分模型进行检验：

$$\Delta K_{ict} = \alpha_{ct} + \gamma_c \times POR_{ict-1} + \beta HHI\_ bankbranch_{ct} \times EXFinDep_s \times POR_{ict-1} +$$
$$\delta'X_{ict} + \varepsilon_{ict} \tag{9.13}$$

其中，POR 为企业的生产率（TFP）[①] 或资本边际收益产品（MRPK），在模型中滞后一期。如果三重交叉项的系数 β 显著为正，则表明银行业竞争促进了高 TFP 或高 MRPK 的企业资本存量增加，也即资本发生了重置，资本重置往高 TFP 或高 MRPK 的企业。ΔK 为企业资本存量的变化值，由于工业企业数据库并未直接给出企业的资本存量，而使用固定资产净值或余值直接代理可能存在一定的偏误。因此，我们采用张天华和张少华（2015）的方法，以企业固定资产净值为基础，使用永续盘存法计算企业资本存量。具体方法如下：

首先利用企业固定资产净值估计企业成立年份的实际资本存量：

$$K_{it_0} = \frac{NNK_{it_d}}{p_{t_0} \prod_{t=t_0}^{t_d}(1 + g_{it})} \tag{9.14}$$

其中，企业的开业时间为 t_0，K_{it_0} 是企业 i 成立年份的资本存量，t_d 是企业 i 第一次出现在数据库的年份，NNK_{it_d} 是企业 i 第一年出现在数据库时的固定资产净值，g_{it} 是企业 i 固定资产净值的增长率，p_{t_0} 是 t_0 期的投资价格指数。如果能够获得固定资产原值和净值的真实增长率，二者推算的企业初期的实际资本存量应该是一致的。

$$K_{it} = \begin{cases} \dfrac{NNK_{it_d}}{p_t \prod_{s=t}^{t_d}(1 + g_{it})} \times g_{it} + K_{it-1} & t \le t_d \\[4mm] \dfrac{NNK_{it} - NNK_{it-1}}{p_t} + K_{it-1} & t \ge t_d \end{cases} \tag{9.15}$$

在得到初期的实际资本存量的基础上，对各期固定资产净值变化量进行价格平减并累加即可估计出实际资本存量。K_{it} 表示企业 i 在时期 t 的实际资本存量，NNK_{it} 表示企业 i 在时期 t 的名义固定资产净值，g_{it} 表示企业 i 在时期 t 的拟合名义资本增长率，p_t 表示企业在时期 t 的投资价格指数。

实证结果报告见表 9−6。从表 9−6 的第（1）、第（3）列的结果可以看到 TFP 和 MRPK 的系数均不显著，这表明在不考虑银行业竞争的前提下，资本配置

[①] 企业 TFP，我们采用 Ackerberg 等的方法进行估算，该方法可以较好克服生产函数设定的偏误。

与企业竞争力并无关系，这再次说明中国的资本误置程度比较高。但是三重交叉项的系数均显著为正，说明银行业竞争导致了资本发生了重置，朝着高生产率、高资本边际收益产品的企业重新配置，削弱了所有制歧视、规模歧视、年龄歧视，从而降低了资本误置程度。

表 9 - 6　影响机制检验

变量	POR = TFP		POR = MRPK	
	(1)	(2)	(3)	(4)
常数	1.702 *** (4.683)	0.588 (0.902)	− 2.276 ** (− 2.132)	1.059 (1.384)
POR_{ict-1}	0.214 (1.385)	0.198 ** (2.203)	0.104 (0.939)	0.008 *** (2.641)
HHI_ bankbranch$_{ct}$ × ExtFinDep$_{s}$ × POR$_{ict-1}$	—	0.037 *** (3.924)	—	0.054 *** (3.166)
GS_{ct}	− 0.590 *** (− 3.266)	− 0.487 *** (− 3.635)	− 0.631 *** (− 3.745)	− 0.511 *** (− 3.929)
$Trade_{ct}$	0.144 *** (4.575)	0.192 *** (3.836)	0.208 *** (3.533)	0.242 *** (3.732)
Com_{ct}	0.328 *** (2.950)	0.285 *** (3.347)	0.217 *** (3.106)	0.239 *** (3.776)
城市—时间固定效应 行业—时间固定效应 城市—时间固定效应	控制	控制	控制	控制
R^2	0.577	0.581	0.544	0.559
样本数	3000	3000	3000	3000

注：括号内为 t 值；*、**、*** 分别表示在 10%、5%、1% 水平下显著。

我们认为银行业竞争促使资本重置主要是两种机制在发挥作用：其一为银行自身的"筛选机制"。银行业放松管制后，随着银行业竞争加剧，无论是新进入的还是现有的在位银行都面临着更强的竞争，在竞争压力之下，银行在信贷中更多需要考虑自身的收益。为了获得更好的收益，可能银行会改善监管方式，通过更完善的信息渠道获得更准确的信息，从而更好地筛选借款人。随着银行改善对借款人的筛选机制，他们或许能够筛选到更能保证贷款回报的企业，这些企业一般都具有更强的市场竞争力的特征。因此，在竞争压力下，银行放贷将倾向于以企业生产率、资本边际收益产品等企业竞争力指标而不是以所有制、规模、经营年限等指标作为衡量标准。从而导致银行信贷原来存在着的所有制歧视、规模歧视、年龄歧视等信贷歧视得到一定程度的改善，即降低资本误置水平。在行业外部融资依赖程度越高的行业，银行业竞争带来的改善作用越明显。

其二为市场的"企业动态演化机制"。银行业竞争有利于促进所在城市的企业动态演化，即促进新企业的进入、企业的退出以及在位企业的扩张或收缩。这样就可能改变现有企业在银行业竞争加剧后所面临的经济状况。例如，银行业竞争有利于促进创造性破坏，促进了新企业进入或其他现有高生产率企业的扩张可能会推高当地投入或劳动力的价格；生产率较低的企业可能更容易受到要素价格上涨的影响，这可能会促使资源重新配置到更有生产率的企业，进一步迫使一些生产率低的企业退出市场。另外，银行业竞争加剧可能会增强当地的非金融企业的产品市场竞争性，银行业竞争使得企业更容易获得信贷支持，从而提升高生产率企业在产品市场的竞争性，进而挤出低生产率企业，进一步促进资本资源重置往高生产率或高资本边际收益产品企业。

9.5 结论与政策启示

本章采用 2000~2011 年的企业数据和 250 个地级以上城市数据，使用 Rajan 和 Zingales（1998）提出的连续型倍差法，研究了银行业竞争对资本误置的影响。我们发现，银行业竞争对资本误置程度的削弱效应具有强烈的行业异质性，即受制于行业的外部融资依赖度，且在民营企业、中小规模企业、年轻企业比重更大行业作用更为突出，即银行业竞争有利于改善信贷的所有制歧视、规模歧视、年龄歧视。比较发现，股份制商业银行在银行业竞争带来降低资本误置的作用中发挥了最大的效应，国有大型商业银行的贡献最小。进一步地，影响机制检验结果表明银行业竞争是通过促进信贷资源重置往高生产率和高资本边际收益产品的企业从而降低资本误置程度；我们认为这主要是由于银行业竞争加剧的情况下，银行自身的"筛选机制"和市场的"动态演化机制"发挥作用所导致。

本章的研究蕴含一定的政策意义：第一，继续实施放松银行业管制政策，打破国有大型银行的垄断，促使银行业有序竞争，这尤其有利于降低外部资金依赖度高行业的资本误置水平，提升资本配置效率，进而提高全要素生产率。第二，政府要降低中小银行，尤其是股份制银行的进入门槛，以强化和提升银行业的竞争程度。一方面，这能够使具有高生产率或高资本边际收益产品特征的民营、中小规模和年轻企业获得更多的信贷支持，以促进这些企业的发展；另一方面，这在整体上使得资本得到了更有效的配置，提高社会总体福利水平。

第 10 章　制度质量改善是否有利于削减地区 R&D 资源错置

——基于空间动态面板数据模型

R&D 绩效在很大程度上受制于 R&D 资源投入, 如 R&D 人员和 R&D 资本投入, 但是 R&D 资源的配置并不总是有效率的。根据资源配置理论, 如果 R&D 绩效（或生产率）更高的地区或者企业获得了更多的 R&D 资源, 这将提升加总的 R&D 绩效。因此, 降低地区 R&D 资源错置程度, 促进 R&D 资源重配, 这对于提升地区 R&D 潜力, 促进加总生产率提高; 在 "中国智造" 越来越成为时代主题的今天具有非常重要的意义。根据 Hsieh 和 Klenow（2009）等的观点, 制度是造成资源错置的主要原因。但是关于中国 R&D 资源错置的制度环境原因的研究, 文献却鲜有涉及; 我们在衡量地区 R&D 资源错置的基础上, 利用空间动态面板数据模型, 考察了制度约束缓解对中国地区 R&D 资源错置的影响效应。

10.1　文献与理论

资源错置程度的降低对生产率增长的作用非常突出, 如 Baily, Hulten 和 Campbell（1992）发现, 美国在 1970～1980 年资源重置贡献了 50% 对制造业生产率增长份额。而对于新兴市场, 学术界形成的共识是一系列制度因素阻碍了资源的有效重置, 是这些国家生产率相对低下的重要原因。对于中国这一世界上最大的新兴市场国家, 制度环境中尤其以国有偏向政策、要素市场不完善以及政府对市场的干预等几个因素, 对 R&D 资源在内的资源错置影响最突出。

首先，政府对市场的干预对资源配置的影响作用较大。政府的干预主要是通过经济管制和对企业的直接控制代替市场发挥作用。政府干预可能影响产品定价，致使企业的产出出现扭曲；同时可能对资本、劳动力、中间投入品等要素的价格产生影响，从而导致资源发生错置，降低资源效率。韩剑、郑秋玲（2014）发现财政补贴、金融抑制、行政性市场进入壁垒对行业内资源错配具有显著影响，而劳动力流动管制、金融抑制则对行业间资源错配作用明显。

其次，国有偏向政策在众多文献中被认为是中国资源错置的重要原因。正如 Song，Storesletten 和 Zilibotti（2015）研究表明，低生产率的国有企业因为信用易获得而得以继续生存，另外，高生产率的民营企业不得不依靠自身的内部积累而进行发展。钱学锋等（2016）认为中国长期存在国有偏向型政策，在国内市场上，国有企业相对于私有企业而言，在信贷、市场准入、补贴等诸多方面都享受了偏向型政策优惠。吴延兵（2012）的研究结果表明，民营企业在创新投入和专利创新效率上处于领先地位，而国有企业在创新投入、创新效率和生产效率上均缺乏竞争力。国有企业比重越高，由此偏向性政策带来的对 R&D 资源误配置的程度也就越强。

最后，要素市场不完善，包括劳动力、资本、土地市场不完善都能导致资源错置，如 Midriga 和 Xu（2014）研究发现资本市场不完善导致了企业的进入和退出市场机制失效。Acemoglu 和 Cao（2015）发现对在位企业进行 R&D 补贴，将会阻碍技术创新能力强的企业进入市场，直接或者间接地阻碍低创新能力的企业退出市场，导致加总生产率的下降。资本市场摩擦力导致新企业缺乏足够的资金进行高风险的根本性创新，并且提高了新企业的破产概率。Gorodnichenko 和 Schnitzer（2013）研究发现在那些有着高金融发展水平的国家，小企业有更高的创新成功的概率。较完善的金融市场尤其是种子基金和风险基金有利于一些知识型的创新企业可以在风险投资的支持下选择进入市场，或者选择进行创新投资。戴魁早、刘友金（2015）研究发现要素市场扭曲对高技术产业研发资本投入和研发人力投入的影响有明显的差异，抑制了研发资本投入增长，从而促进了研发人力投入。

10. 2　地区 R&D 资源错置的测度

10. 2. 1　模型

我们借鉴 Li 等 (2016) 衡量地区 R&D 资源错置的模型方法进行分析，该模型建立在 Hsieh 和 Klenow (2009) 的基础上。首先假定存在一个竞争性的创新系统，该系统根据专利生产同质产品，其由 M 个地区组成，国家层面的加总创新产出 Y，满足：$Y = \sum_{i=1}^{M} Y_i$，Y_i 为各个地区 i 的创新产出。

地区创新生产函数满足：

$$Y_i = A_i (L_i^{\alpha} K_i^{1-\alpha})^{\gamma}, \quad \gamma \in (0, 1) \tag{10.1}$$

其中，L 为地区创新劳动投入，K 为地区创新资本投入，这种设置可以较好地抓住创新生产技术的规模报酬递减规律。地区存在着异质性，这种异质性不仅与创新技术 A 有关，而且受制于资本和劳动扭曲；假设其主要受到产出扭曲τ_Y和资本扭曲τ_K。于是，一个地区的创新收益为：

$$\pi_i = (1 - \tau_Y) P_i Y_i - w_i L_i - (1 + \tau_K) R K_i \tag{10.2}$$

假定创新投入市场是竞争性的，而创新产出是同质性的，地区产出价格之间满足 $P_i = P$，对于每个地区 i 的创新系统间创新产出的价格均相等。R&D 投入受到了创新技术 A 及 R&D 投入扭曲的影响，并满足式 (10.3)：

$$L_i = L_i (A_i, \tau_{Y_i}, \tau_{K_i})$$
$$K_i = K_i (A_i, \tau_{Y_i}, \tau_{K_i})$$
$$Y_i = Y_i (A_i, \tau_{Y_i}, \tau_{K_i}) \tag{10.3}$$

利润最大化预示着一个地区如果有更大的 R&D 产出扭曲将表现出更高的 R&D 劳动边际收益产品；同样，一个地区有更高的 R&D 资本扭曲将拥有更高的 R&D 资本边际收益产品，即有：

$$MRPL_i = MRPL_i (A_i, L_i, K_i) \overset{\Delta}{=} w \frac{1}{1 - \tau_{Y_i}}$$

$$\mathrm{MRPK}_i = \mathrm{MRPK}_i(\mathrm{A}_i,\ \mathrm{L}_i,\ \mathrm{K}_i) \stackrel{\Delta}{=} R\ \frac{1 + \tau_{\mathrm{K}_i}}{1 - \tau_{\mathrm{Y}_i}} \tag{10.4}$$

地区 R&D 收益生产率 TFPR 可以表示成 R&D 边际产品、R&D 资本扭曲及 R&D 产出扭曲的函数，则有：

$$\mathrm{TFPR}_i = \mathrm{TFPR}_i(\tau_{\mathrm{Y}_i},\ \tau_{\mathrm{K}_i}) \propto \left[\left(\frac{\mathrm{MRPL}_i}{\mathrm{W}} \right)^{\alpha} \left(\frac{\mathrm{MRPK}_i}{\mathrm{R}} \right)^{1-\alpha} \right]^{\gamma}$$

$$\propto \left[(1 - \tau_{\mathrm{Y}_i})^{\alpha} \left(\frac{1 - \tau_{\mathrm{Y}_i}}{1 + \tau_{\mathrm{K}_i}} \right)^{1-\alpha} \right]^{\gamma} \tag{10.5}$$

国家层面的 R&D 生产效率 TFP 满足式（10.6）：

$$\mathrm{TFP} = \frac{Y}{L^{\alpha} K^{1-\alpha}} = \frac{\left[\sum_{i=1}^{M} \left(\mathrm{TFPQ}_i \frac{\overline{\mathrm{TFPR}}}{\mathrm{TFPR}_i} \right)^{\frac{1}{1-\gamma}} \right]^{1-\gamma}}{(L^{\alpha} K^{1-\alpha})^{1-\gamma}} \tag{10.6}$$

$\overline{\mathrm{TFPR}}$是地区间劳动和资本边际收益产品的调和平均数，且有：

$$\overline{\mathrm{TFPR}} = \left[\sum_{i=1}^{M} \left(\frac{Y_i}{Y}(1 - \tau_{\mathrm{Y}_i}) \right) \right]^{-\alpha\gamma} \left[\sum_{i=1}^{M} \left(\frac{Y_i}{Y} \frac{(1 - \tau_{\mathrm{Y}_i})}{(1 + \tau_{\mathrm{K}_i})} \right) \right]^{-(1-\alpha)\gamma} \tag{10.7}$$

10.2.2　测度方法

根据 Hsieh 和 Klenow（2009），则可以得到：

R&D 资本扭曲：

$$\tau_{\mathrm{K}_i} + 1 = \frac{1 - \alpha}{\alpha} \frac{w L_i}{R K_i} \tag{10.8}$$

R&D 产出扭曲：

$$1 - \tau_{\mathrm{Y}_i} = \frac{1}{\alpha\gamma} \frac{w L_i}{P Y_i} \tag{10.9}$$

如果劳动投入的份额与资本投入的份额之比大于 $\alpha/(1-\alpha)$，那么则存在 R&D 资本扭曲；同样，如果劳动投入份额与总产出之比小于 $1/\alpha\gamma$，则存在 R&D 产出扭曲。

$$\mathrm{TFPQ}_i = \mathrm{A}_i = \frac{Y_i}{\left[(w L_i)^{\alpha} K_i^{1-\alpha} \right]} \tag{10.10}$$

地区 R&D 资源配置效率用式（10.11）衡量，即实际 R&D 产出与无 R&D 资源错置的理想状态下的 R&D 产出之比，有：

$$Y_R = \frac{Y}{Y_{efficient}} = \Big[\sum_{i=1}^{M} \Big(\frac{A_i}{A} \frac{\overline{TFPR}}{TFPR_i} \Big)^{\frac{1}{1-\gamma}} \Big]^{1-\gamma} \tag{10.11}$$

要测度 R&D 资源错置程度，必须正确选择相应的合适参数。首先，假设资本租金率 R = 0.23 （其中利率 i = 0.03，折旧率 δ = 0.2）。其次，参数 γ = 0.8，这主要是由于大多研究中国创新产出弹性的文献发现，该参数约为 0.8。由于劳动份额在创新投入中约占 0.6，故 α = 0.6。

10.3　实证模型、变量与数据

10.3.1　实证模型

由于地区 R&D 资源错置是动态变化的，当期的地区 R&D 资源错置状况不仅受制于现期条件，必然也受到前期条件的影响；同时 R&D 资源的跨空间的流动性和竞争性，地区间 R&D 资源错置可能会产生空间的相互影响，因此我们将地区间 R&D 资源错置的空间相关性也考虑进去，故本章将构建空间动态面板模型来考察制度环境对地区 R&D 资源错置的影响效应。空间动态面板模型的突出特点在于：在考虑地区 R&D 资源错置的动态变化和空间溢出效应的同时，又能克服变量间的内生性问题，使估计结果更为真实、可靠，于是有模型：

$$MisIn_{it} = \alpha_1 MisIn_{it-1} + \rho \sum_{i}^{n} W_{im} \times MisIn_{it} + \beta_1 Institu_{it} + \gamma_1 X_{it} + \lambda Instutu_{it} \times$$
$$X_{it} + \eta_t + \eta_i + \varepsilon_{it} \tag{10.12}$$

其中，$\varepsilon_{it} = \lambda \sum_{m \neq i}^{N} w_{im} \varepsilon_{im} + \mu_{it}$。

模型中因变量 MisIn 为地区 R&D 资源错置的衡量指标，文献中常用 TFPR 的标准差衡量，然而，由于我们的样本数据较少，故我们采用 ln （$TFPR/\overline{TFPR}$）形式来衡量。由于 TFPR 是 R&D 资本扭曲和 R&D 产出扭曲的函数，因此，我们同时分别使用 R&D 资本扭曲因子 τ_K 和 R&D 产出扭曲因子 τ_Y 作为因变量，以抓

住地区创新资源误配置详细的分解状况，在计算中取绝对值，并取对数形式，即有 $\ln|\tau_K|$ 和 $\ln|\tau_Y|$。i 为地区，t 为年份；W_{im} 为反映不同地区间空间相互关系的空间权重矩阵。

X 为控制变量向量，根据已有文献，我们主要控制地区对外开放度（Open）、金融发展（FD）等变量，同时由于制度环境可能会影响对外开放、金融发展对 R&D 资源错置效应，因此我们在模型中加入了制度环境与控制变量的交互项。η_i 为省区固定效应，用于控制不可观测的省区属性的影响；η_t 为年份固定效应，用于控制不可观测的时间变化的影响。ρ、λ 分别为空间滞后系数和空间误差系数，ε 为随机误差项。

空间权重矩阵我们使用二元相邻权重，同时我们考虑地区之间的现实技术联系；在常用的二元相邻权重 W_{ij} 的基础上加入各地区技术差距的影响，即有：

$$W_{ij}^E = W_{ij} \times T_{ij}，\text{其中，} T_{ij} \text{可以反映地区间的技术差异性，} T_{ij} = \ln\left(\frac{\overline{y_i}}{\overline{y_j}}\right)，\overline{y_i} = \frac{1}{t_k - t_0 + 1}\sum_{t_0}^{t_k} y_{it}，$$

y_{it} 为 i 省区在 t 年的全要素生产率，用随机前沿方法计算得到。很明显，地区之间技术差距越小，R&D 人员合作机会越多，R&D 资本的流动也越有可能。在研究中，我们在引入空间滞后变量前将各权重矩阵进行标准化。由于空间动态面板数据模型存在因变量的动态变化和空间滞后项，因此对于此种的估计，传统的 OLS 估计将存在偏误，我们利用 Blundell 和 Bond 等创立的系统广义距（GMM）进行估计，以此能够在控制地区和时间固定效应的同时较好解决因变量动态变化和空间滞后项带来的内生性问题。

10.3.2　变量

（1）制度环境：我们使用国内研究中使用最广泛的樊纲等编制的《中国市场化指数：各地区市场化相对进程 2011 年报告》中的相关数据。

（2）创新投入产出变量：R&D 劳动力投入（L）为各省区研究与发展全时人员当量（R&D 人员）；由于科研人员工资 w 并不能从统计资料中获得，但是 wL 可以从每年研究与发展经费内部支出中分解出来，也即劳务费。R&D 资本投入为 R&D 资本存量（K_{it}），参照吴延兵（2012）的方法，采用永续盘存法的形式进行计算，即有：$K_{it} = R\&D_{it} + (1-\delta) R\&D_{it-1}$，其中，$R\&D_{it}$为省区 i 在 t 年的研究与发展经费内部支出中除劳务费外的部分，δ 为折旧率，取 0.2。创新产出（Y），我们与 Li 等（2017）不同，采用专利申请量来衡量，Holmes 等（2016）认为专利申请能够更好地反映原始创新。

（3）控制变量：对外开放度（Open）用各地区各年进出口总值与 GDP 的比值衡量，在模型中取对数。金融发展（FD）我们用最具代表性的指标——金融相关比率，即以金融机构提供给私人部门贷款总额与 GDP 的比值度量，取对数。

10.3.3 数据与描述统计

由于市场化指数仅有 1997～2009 年的数据，因此，我们的研究期间为该时间段。R&D 投入和产出数据来源于《中国科技统计年鉴》，由于西藏部分数据缺失，因此被剔除在外，我们的研究空间单位为 30 个除西藏外的内地省市。其余指标数据来自于《中国统计年鉴》《新中国六十年统计资料汇编》、相关省份的统计年鉴及国研网数据库。

图 10-1 是我国制度环境整体变化趋势图，从图 10-1 中可以看出制度环境呈现出优化的趋势。

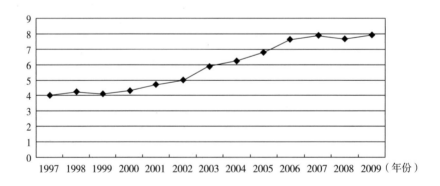

图 10-1　制度环境趋势

根据式（10.11）计算出来的地区 R&D 资源配置效率平均值趋势图（见图 10-2）可以看到，中国地区 R&D 资源配置效率在逐步提高，但整体还较严重。综合图 10-1 和图 10-2 可以看出，在中国制度环境改善的同时，地区 R&D 资源配置效率也在不断提升，也即 R&D 资源错置程度呈现下降趋势。下文我们通过实证方法检验制度环境改善对 R&D 资源错置的影响效应。

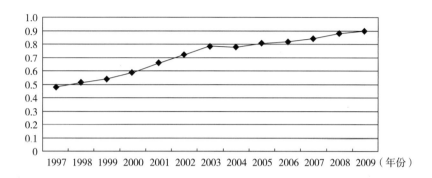

图 10 – 2　R&D 资源配置效率趋势

10.4　实证检验

10.4.1　市场化综合指数对 R&D 资源错置影响的实证结果

表 10 – 1 报告了空间动态面板数据模型（10.12）估计的全样本实证结果，因变量制度环境我们选用各省份市场化综合指数。其中，AR（1）的 p 值均在 0 ~ 0.1，表明残差项存在一阶自相关且显著；AR（2）的 p 值均大于 0.3，表明残差项二阶自相关不存在。而且，Sargan 检验 p 值均高于 0.1，表明工具变量的选用是合适的。总之，这几个检验值均表明我们采用系统广义矩对空间动态面板数据模型进行估计是有效且可靠的。

首先可以看到因变量的空间滞后项系数显著为正，表明地区 R&D 资源错置具有明显的空间溢出效应，即地区之间的 R&D 资源错置在空间上有较强的相互影响作用；因此，在研究区域 R&D 资源错置时，考虑空间溢出性是必要的。并且对于空间相邻、技术差距较小的省份之间这种正向溢出作用更为明显。

表10-1 市场化综合指数的估计结果（空间动态面板数据模型）

变量	ln（TFPR/TFPR）			ln|τ_K|			ln|τ_Y|		
	全国	东部	中西部	全国	东部	中西部	全国	东部	中西部
常数	0.885** (2.069)	2.075*** (3.421)	1.349 (1.334)	-0.603* (-1.982)	3.248*** (2.729)	1.293*** (4.265)	1.948*** (3.729)	-1.947*** (-3.928)	-0.360 (-1.388)
$MisIn_{t-1}$	0.072*** (4.137)	0.069** (2.086)	0.094*** (4.072)	0.024*** (2.930)	0.045** (2.025)	0.037*** (2.439)	0.019*** (4.268)	0.022* (1.913)	0.015*** (3.126)
$W \times MisIn_t$	0.023*** (3.249)	0.039*** (4.874)	0.018*** (2.622)	0.017* (1.905)	0.029*** (3.371)	0.014*** (3.287)	0.020** (2.484)	0.026*** (2.873)	0.016*** (3.549)
Institu	-0.319*** (-4.386)	-0.276*** (-3.073)	-0.342*** (-4.531)	-0.107*** (-5.766)	-0.092*** (-3.842)	-0.122*** (-4.283)	-0.374*** (-3.824)	-0.251*** (-5.279)	-0.391*** (-2.628)
lnOpen	-0.057 (-1.249)	-0.039 (-1.406)	-0.044 (-0.829)	-0.035 (-1.027)	-0.019 (-1.309)	-0.022 (-1.645)	-0.030 (-1.005)	-0.027 (-1.482)	-0.036 (-1.345)
lnFD	-0.052*** (-3.288)	-0.066*** (-3.594)	-0.028*** (-2.642)	-0.043*** (-4.170)	-0.048*** (-3.919)	-0.033*** (-3.274)	-0.037*** (-3.647)	-0.041*** (-3.058)	-0.029*** (-2.780)
Institu × lnOpen	0.054*** (3.057)	0.068*** (4.135)	0.043*** (4.479)	0.077*** (2.890)	0.053*** (4.182)	0.051*** (2.844)	0.047*** (5.289)	0.039*** (3.574)	0.032*** (3.471)
Institu × lnFD	0.048** (2.045)	0.035*** (4.337)	0.057*** (4.062)	0.039*** (2.742)	0.048*** (4.037)	0.030*** (2.647)	0.081*** (5.416)	0.069*** (3.628)	0.044*** (3.929)
省份固定效应	有	有	有	有	有	有	有	有	有
年份固定效应	有	有	有	有	有	有	有	有	有
观测值	390	130	260	390	130	260	390	130	260
AR(1)	0.0074	0.0089	0.0058	0.0095	0.0077	0.0084	0.0062	0.0072	0.0064
AR(2)	0.482	0.411	0.430	0.445	0.451	0.463	0.408	0.417	0.426
Sargan检验	0.174	0.188	0.170	0.192	0.185	0.187	0.165	0.179	0.167

注：括号内为t值；*、**、***分别表示在10%、5%、1%水平下显著。

市场化指数对地区 R&D 资源错置综合指标 ln（TFPR/$\overline{TFPR}$）的影响效应系数为负，且在1%的水平上显著，这说明了在考察期，制度环境改善降低了中国地区 R&D 资源错置程度，促进了 R&D 资源从创新绩效较低的企业重配置往创新绩效较高的企业，提升了地区整体创新绩效。从发展的角度来看，制度环境的改善，有利于降低 R&D 资源错置水平，提升地区创新绩效，进而促进加总生产率的上升。

市场化指数对 R&D 资源扭曲因子均有为负且显著的作用，这说明制度环境改善对 R&D 资本和 R&D 产出的重新配置都有较积极的影响。比较来看，制度环境改善对 R&D 产出扭曲因子的作用更突出，即制度环境改善对 R&D 资源错置的积极作用更多的是通过 R&D 产出扭曲因子产生的。

比较控制变量的系数，金融发展对地区 R&D 资源错置指标、资本扭曲因子和产出扭曲因子均有显著的负向作用。这主要是由于高企的金融摩擦力是许多发展中国家资源错置严重的主要原因，而金融发展有利于受到融资约束的企业获得创新发展的资金，提高 R&D 资源的配置效率。但对外开放对地区 R&D 资源错置指标、资本扭曲因子和产出扭曲因子均无显著作用，我们认为可能的原因在于，虽然对外开放带来的竞争效应和示范效应有利于降低 R&D 资源错置程度，促进资源从生产率较低的企业重配置往高生产率企业；但是，对外开放也使得国内企业能够买到更多样和更高质量的中间产品，这将降低企业进行 R&D 活动的动力，因为企业可以通过进口中间投入品这种更为廉价的方式提升生产率或产品质量，因此不利于 R&D 资源优化配置；这两种作用正负相抵，导致对外开放对 R&D 资源错置无显著作用。

市场化指数与金融发展的交互项的系数均显著为正，意味着制度环境改善加强了金融发展对 R&D 资源错置的削减作用，这主要是由于制度约束的缓解，进一步促进了资本要素的自由流动，使得金融发展产生的对 R&D 资源的配置效应更具有效率。市场化指数与对外开放的交互项系数也均显著为正，这说明制度质量的改善提升了对外开放的 R&D 资源错置的削减作用，超过了对外开放的 R&D 资源错置效应。

分东、中西部子样本的实证结果显示，绝大多数变量系数符号和显著性与全样本相同，这说明我们模型具有较强的显著性。可以看到市场化指数的估计系数对于地区 R&D 资源错置及 R&D 资源扭曲因子均显著为负，这说明在东、中西部，制度质量改善均有利于降低地区 R&D 资源错置，提升 R&D 资源配置效率。比较来看，中西部省份系数绝对值更大，意味着中西部省份制度环境改善对 R&D 资源错置的削减作用最大，其原因可能是相对东部地区，中西部地区 R&D 资源错置程度较高，制度约束的缓解对 R&D 资源错置的边际效应更大。

10.4.2 分市场化指数子指标的实证检验

由于市场化指数是综合衡量地区制度质量的综合指标，为了更为细致地考察具体子指标对地区 R&D 资源错置的影响效应，我们着重考虑了 3 个子指标，包括政府与市场的关系（Institu1）、非国有企业经济（Institu2）、要素市场发育程度（Institu3），实证结果报告见表 10 - 2。

全国范围来看，对地区 R&D 资源错置变量，市场化指数的 3 个子指标均显著为负。其中非国有企业经济的影响作用最明显，这进一步说明国有偏向政策是中国 R&D 资源错置的主要原因，这与现有的大多数研究结论吻合；国有企业获得了较多的 R&D 资源支持，但其 R&D 绩效却偏低，而一些 R&D 绩效较高的民营企业却难以得到充足的 R&D 资源。对要素市场发育程度的影响，资本市场的完善有利于缺乏信贷抵押、面临较高信息不对称的民营企业缓解融资约束，从而促进 R&D 资源的重置。分地区来看，东部省份与全国范围的情况基本相同，非国有企业经济对地区 R&D 资源错置的抑制作用最大，要素市场发育程度次之。而在中西部省份，政府与市场关系的影响效应系数绝对值却最大，这表明中西部省份政府对市场的干涉在促进地区 R&D 资源重置有最突出的作用，而在东部省份，由于经过改革开放以来的发展，政府与市场的关系已经得到一定的理顺，其进一步的优化对于 R&D 资源重置的作用相对较小。

对于资本扭曲因子和产出扭曲因子，在全国的层面，3 个市场化子指标的影响系数均显著为负，即政府与市场的关系、非国有企业经济、要素市场发育程度等制度环境的改善通过削弱 R&D 资本扭曲和产出扭曲促进了 R&D 资源重置；并且非国有企业经济对 R&D 产出扭曲因子的负向影响最大。从地区比较来看，东部省份的子指标系数与全国结果一致；而中西部省份中，政府与市场关系对 R&D 资本扭曲因子的影响最突出，这意味着，在中西部，政府对市场的干涉造成的 R&D 资本扭曲，是其 R&D 资源错置的主要原因。

表 10-2　分市场化指数子指标的估计结果（空间动态面板数据模型）

变量	ln (TFPR/TFPR)			ln |τ_K|			ln |τ_Y|		
	全国	东部	中西部	全国	东部	中西部	全国	东部	中西部
常数	-1.503 (-1.683)	0.079*** (3.144)	1.247 (0.759)	2.788*** (9.902)	-1.088*** (-3.724)	0.298*** (3.769)	3.774*** (3.210)	-1.905 (-0.911)	0.775** (1.929)
$MisIn_{t-1}$	0.064*** (5.368)	0.079*** (2.688)	0.059*** (3.292)	0.031*** (2.577)	0.042*** (2.927)	0.038*** (3.132)	0.026*** (3.564)	0.021* (1.944)	0.019*** (3.587)
$W \times MisIn_t$	0.027*** (3.498)	0.037*** (4.329)	0.025*** (2.936)	0.020*** (2.247)	0.032*** (3.495)	0.019*** (3.381)	0.031*** (2.635)	0.024*** (2.789)	0.022*** (3.440)
Institu1	-0.209*** (-3.573)	-0.263*** (-6.174)	-0.196*** (-3.575)	-0.322*** (-3.466)	-0.244*** (-3.073)	-0.349*** (-4.722)	-0.263*** (-3.471)	-0.257*** (-5.239)	-0.238*** (-3.773)
Institu2	-0.403*** (-4.457)	-0.459*** (-2.480)	-0.152*** (3.485)	-0.289*** (-3.437)	-0.227*** (2.808)	-0.209*** (3.983)	-0.411*** (3.874)	-0.430* (-1.983)	-0.304*** (-3.379)
Institu3	-0.274*** (-3.288)	-0.307*** (-3.216)	-0.124*** (-3.537)	-0.217*** (-4.284)	-0.208*** (-3.139)	-0.286*** (-3.454)	-0.327*** (-3.548)	-0.193*** (-2.858)	-0.209*** (-2.877)
lnOpen	-0.048 (-1.188)	-0.036 (-1.475)	-0.049 (-1.072)	-0.030 (-1.438)	-0.020 (-1.361)	-0.027 (-1.522)	-0.034 (-1.049)	-0.025 (-1.022)	-0.031 (-1.371)
lnFD	-0.056*** (-3.714)	-0.043*** (-3.089)	-0.028*** (-2.642)	-0.052*** (-2.847)	-0.036*** (-3.827)	-0.039*** (-4.385)	-0.040*** (-3.760)	-0.055*** (-3.924)	-0.032*** (-2.944)
省份固定效应	有	有	有	有	有	有	有	有	有
年份固定效应	有	有	有	有	有	有	有	有	有
观测值	390	130	260	390	130	260	390	130	260
AR (1)	0.0078	0.0084	0.0065	0.0086	0.0079	0.0080	0.0068	0.0076	0.0072
AR (2)	0.497	0.418	0.429	0.453	0.448	0.469	0.427	0.430	0.457
Sargan 检验	0.184	0.195	0.174	0.188	0.187	0.179	0.169	0.177	0.170

注：括号内为 t 值；*、**、***分别表示在 10%、5%、1% 水平下显著。

10.5 结论与政策启示

我们在衡量地区 R&D 资源错置的基础上，利用既能考虑地区 R&D 资源错置的动态变化和空间溢出效应的同时，又能克服变量间的内生性问题的空间动态面板数据模型，考察了制度约束缓解对中国地区 R&D 资源错置的影响效应。研究发现，地区 R&D 资源错置具有明显的空间溢出效应，并且对于空间相邻、技术差距较小的省份之间这种正向溢出作用更为明显。制度环境改善降低了中国地区 R&D 资源错置程度，促进了 R&D 资源从创新绩效较低的企业重配置往创新绩效较高的企业，提升了地区整体创新绩效。制度环境改善对 R&D 产出扭曲因子的作用更突出，制度环境改善加强了金融发展对 R&D 资源错置的削减作用，制度质量的改善提升了对外开放的 R&D 资源错置的削减作用。制度约束的缓解对中西部 R&D 资源错置的边际效应更大。分市场指数子指标，从全国范围比较来看，非国有企业经济对地区 R&D 资源错置的影响作用最明显，其次是要素市场发育程度的影响。分解考察发现，非国有企业经济对 R&D 产出扭曲因子的负向影响最大；而在中西部，政府对市场的干涉造成的 R&D 资本扭曲，是 R&D 资源错置的主要原因。

研究结论蕴含丰富的政策含义：首先，要重视制度环境对地区 R&D 资源配置的重要作用，继续通过改革提升制度质量，通过制度环境的改善降低 R&D 资源错置，进而提升 R&D 绩效。其次，在制度约束缓解的基础上，继续坚持对外开放，完善金融市场，以此进一步促进 R&D 资源的重新配置。最后，加强国有企业改革，改变原有的国有企业偏向型政策，让市场代替行政垄断，加快推进政企分开、政资分开、所有权与经营权分离；加速要素市场改革，促进 R&D 资源的市场化配置。对于中西部地区，尤其要注意削减政府的行政干涉对 R&D 资本的不合理配置。

参考文献

［1］ Acemoglu D, Cao D. Innovation by entrants and incumbents ［J］. Journal of Economic Theory, 2015 (157): 185 – 193.

［2］ Ackerberg D, Caves K, Frazer G. Structural Identication of Production Functions ［J］. Econometrica, 2015, 83 (6): 2411 – 2451.

［3］ Adamopoulos, Tasso and Diego Restuccia. The Size Distribution of Farms and International Productivity Differences ［J］. American Economic Review, 2014, 104 (6): 1667 – 1697.

［4］ Adamopoulos, Tasso, Loren Brandt, JessicaLeight and Diego Restuccia. Misallocation, Selection and Productivity: A Quantitative Analysis with Panel Data from China ［R］. NBER Working Paper, 2017.

［5］ Aghion P, Fedderke J, Howitt P, Viegi N. Testing Creative Destruction in an Opening Economy ［J］. Economics of Transition, 2013, 21 (3): 419 – 450.

［6］ Aitken B J, Harrison A. Do Domestic Firms Benefit from Direct Foreign Investment? Evidence from Venezuela ［J］. American Economic Review, 1999, 89 (3): 605 – 618.

［7］ Akcigit, Alp, Peters. Lack of Selection and Limits to Delegation: Firm Dynamics in Developing Countries ［R］. Working Papers, 2014.

［8］ Alfaro L, Chen M X. Selection and Market Reallocation: Productivity Gains from Multinational Production ［J］. American Economic Journal: Economic Policy, 2018, 10 (2): 1 – 38.

［9］ Andrews D, Criscuolo C, Menon A. Do Resources Flow to Patenting Firms? Cross – country Evidence firm Level Data ［R］. OECD Working Papers, 2014.

［10］ Andrews D, Criscuolo C. Knowledge – based Capital, Innovation and Re-source Allocation ［R］. OECD Working Papers, 2013.

［11］ Arellano M, Bond S. Some Tests of Specification for Panel Data Monte Carlo Evidence and an Application to Employment Equations ［J］. Review of Economic Studies, 1991, 58 (2): 277 – 297.

［12］ Arellano M, Bover O. Another Look at the Instrumental Variable Estimation of Error Components Models ［J］. Journal of Econometrics, 1995, 68 (1): 29 – 51.

［13］ Asker J, Collard – Wexler A, De Loecker J. Dynamic Inputs and Resource (Mis) Allocation ［J］. Journal of Political Economy, 2014, 122 (5): 1013 – 1063.

［14］ Aw Bee Yan, Mark J R and Daniel Yi Xu. R&D Investment, Exporting, and Productivity Dynamics ［J］. American Economic Review, 2014, 101 (4): 1312 – 1344.

［15］ Aw Bee Yan, Chen Xiaomei, Mark J. Roberts. Firm – level Evidence on Productivity Differentials and Turnover in Taiwanese Manufacturing ［J］. Journal of Development Economics, 2001, 66 (1).

［16］ Ayerst D, Stephen H. Idiosyncratic Distortions and Technology Adoption ［R］. University of Toronto Department of Economics Working Paper, 2016.

［17］ Ayyagari M, Kosová R. Does FDI Facilitate Domestic Entry? Evidence from the Czech Republic ［J］. Review of International Economics, 2010, 18 (1): 14 – 29.

［18］ Baily H, Martin Neil, Charles Hulten, David Campbell. Productivity Dynamics in Manufacturing Plants ［J］. Brookings Papers on Economic Activity, 1992: 187 – 267.

［19］ Baldwin J R. The Dynamics of Industrial Competition: A North American Perspective ［M］. University Press Cambridge, 2010.

［20］ Banerjee D, Abhijit G. Land Reforms: Prospects and Strategies ［R］. Massachusetts Institute of Technology (MIT) Department of Economics Working Paper, 1999.

[21] Banerjee B, Abhijit V, Esther Duflo. Growth Theory Through the Lens of Development Economics [J]. In Handbook of Economic Growth, 2009 (1): 473 – 552.

[22] Bartelsman, Eric, John Haltiwanger, and Stefano Scarpetta. Cross – Country Differences in Productivity: The Role of Allocation and Selection [J]. American Economic Review, 2013, 103 (1): 305 – 314.

[23] Bento Pedro, Restuccia Diego. Misallocation, Establishment Size, and Productivity [J]. American Economic Journal: Macroeconomics, 2017, 9 (3): 267 – 303.

[24] Bernard A B, Redding S J, Schott P K. Comparative Advantage and Heterogeneous Firms [J]. Review of Economic Studies, 2007, 74 (1): 31 – 66.

[25] Bernard N, Andrew B J, Bradford Jensen, Schott Peter K. Trade Costs, Firms and Productivity [J]. Journal of Monetary Economics, 2006, 53 (5): 917 – 937.

[26] Besley M, Timothy Y, Maitreesh G. Property Rights and Economic Development [J]. In Handbook of Development Economics, 2010 (5): 4525 – 4595.

[27] Bigio Saki, Jennifer La' O. Financial Frictions in Production Networks [R]. NBER Working Paper, 2016.

[28] Bloom Nicholas, Benn Eifert, Aprajit Mahajan, David McKenzie, John Roberts. DoesManagement Matter? Evidence from India [J]. Quarterly Journal of Economics, 2013, 128 (1): 1 – 51.

[29] Bloom Nicholas, Mirko Draca, John Van Reenen. Trade Induced Technical Change? The Impact of Chinese Imports on Innovation, IT and Productivity [J]. Review of Economic Studies, 2016, 83 (1): 87 – 117.

[30] Bloom Nicholas. The Impact of Uncertainty Shocks [J]. Econometrica, 2009, 77 (3): 623 – 685.

[31] Blundell R, Bond S. Initial Conditions and Moment Restrictions in Dynamic Panel Data Models [J]. Journal of Econometrics, 1998, 87 (1): 115 – 143.

[32] Bollard Albert, Klenow Peter J, Gunjan Sharma. India's Mysterious Manu-

facturing Miracle [J]. Review of Economic Dynamics, 2013, 16 (1): 59 – 85.

[33] Bond, Stephen and John Van Reenen. Microeconometric Models of Investment and Employment. [M]. In Handbook of Econometrics, Vol. 6 Part A, edited by James J. Heckman and Edward E. Leamer, 2007.

[34] Boyd J H, Gianni De N. The theory of Bank Risk Taking and Competition Revisited [J]. The Journal of Finance, 2005, 60 (2): 1329 – 1343.

[35] Brandt L, Biesebroeck J V, Zhang Y. Creative Accounting or Creative Destruction? Firm – level Productivity Growth in Chinese Manufacturing [J]. Journal of Development Economics, 2012, 97 (2): 339 – 351.

[36] Brandt Loren, Trevor Tombe, Zhu Xiaodong. Factor Market Distortions across Time, Space and Sectors in China [J]. Review of Economic Dynamics, 2013, 16 (1): 39 – 58.

[37] Buera Francisco J, Joseph P. Kaboski, Yongseok Shin. Finance and Development: A Tale of Two Sectors [J]. American Economic Review, 2011, 101 (5): 1964 – 2002.

[38] Buera Francisco J, Joseph P. Kaboski, Yongseok Shin. Entrepreneurship and Financial Frictions: A Macro – development Perspective [J]. Annual Review of Economics, 2015, 7 (1): 409 – 436.

[39] Blundell R, Bond S. Initial Conditions and Moment Restrictions in Dynamic Panel Data Models [J]. Journal of Econometrics, 1998, 87 (1): 115 – 143.

[40] Busso Matías, María Victoria Fazio and Santiago Levy. (In) Formal and (Un) Productive: The Productivity Costs of Excessive Informality in Mexico [R]. Inter – American Development Bank Working Paper IDB – WP, 2012.

[41] Busso Matías, Lucía Madrigal, and Carmen Pagés. Productivity and Resource Misallocation in Latin America [J]. B. E. Journal of Macroeconomics, 2013, 13 (1): 903 – 932.

[42] Bustos A, Paula R. Trade Liberalization, Exports, and Technology Upgrading: Evidence on the Impact of Mercosur on Argentinian Firms [J]. American Economic Review, 2011, 101 (1): 304 – 340.

［43］ Caballero Ricardo J, Takeo Hoshi, and Anil K Kashyap. Zombie Lending and Depressed Restructuring in Japan ［J］. American Economic Review, 2008, 98 (5): 1943 – 1977.

［44］ Caggese A. Entrepreneurial Risk, Investment and Innovation ［J］. Journal of Financial Economics, 2014 (7): 8 – 49.

［45］ Caliendo Lorenzo, Parro Fernando. Estimates of the Trade and Welfare Effects of NAFTA ［J］. Review of Economic Studies, 2015, 82 (1): 1 – 44.

［46］ Caliendo Lorenzo, Esteban Rossi – Hansberg. The Impact of Trade on Organization and Productivity ［J］. Quarterly Journal of Economics, 2012, 127 (3): 1393 – 1467.

［47］ Calligaris Sara. Misallocation and Total Factor Productivity in Italy: Evidence from Firm Level Data ［J］. Labour, 2015, 29 (4): 367 – 393.

［48］ Carreira C, Teixeira P. Entry and Exit as a Source of Aggregate Productivity Growth in Two Alternative Technological Regimes ［J］. Structural Change and Economic Dynamic, 2011 (1): 135 – 150.

［49］ Caselli F, Francesco N. Accounting for Cross – Country Income Differences ［J］. Handbook of Economic Growth, 2005 (4): 679 – 741.

［50］ Caselli F, Francesco N, Nicola Gennaioli. Dynastic Management ［J］. Economic Inquiry, 2013, 51 (1): 971 – 996.

［51］ Chen Kaiji, Alfonso Irarrazabal. The Role of Allocative Efficiency in a Decade of Recovery ［J］. Review of Economic Dynamics, 2015, 18 (3): 523 – 550.

［52］ Chernozhukov V, Hansen C. Instrumental Variable Quantile Regression: A Robust Inference Approach ［J］. Journal of Econometrics, 2008 (142): 379 – 398.

［53］ Combes P, Duranton L, Gobillon D, Puga G., Roux S. The Productivity Advantages of Large Cities: Distinguishing Agglomeration from Firm Selection ［J］. Econometrica, 2012, 80 (6): 2543 – 2594.

［54］ Cooper, Russell W, John C Haltiwanger. On the Nature of Capital Adjustment Costs ［J］. Review of Economic Studies, 2006, 73 (3): 611 – 633.

［55］ Cornaggia J, Mao Yifei, Tian X, Wolfe B. Does Banking Competition Affect

Innovation？[J]．Journal of Financial Economics，2015（115）：189 – 209.

[56] Costantini，James A and Marc J Melitz. The Dynamics of Firm – Level Adjustment to Trade Liberalization [J]．In The Organization of Firms in a Global Economy，2008（2）：107 – 141.

[57] Coucke K，Sleuwaegen L．Offshoring as a Survival Strategy：Evidence from Manufacturing Firms in Belgium [J]．Journal of International Business Studies，2008（39）：1261 – 1277.

[58] Da – Rocha，José – María，Marina Mendes Tavares，and Diego Restuccia. Firing Costs，Misallocation，and Aggregate Productivity [R]．NBER Working Paper，2016.

[59] Da – Rocha，José – María，Marina Mendes Tavares，and Diego Restuccia. Policy Distortions and Aggregate Productivity with Endogenous Establishment – Level Productivity [R]．University of Toronto Department of Economics Working Paper，2017.

[60] David A，Joel M，Hugo A Hopenhayn，Venky Venkateswaran. Information，Misallocation，and Aggregate Productivity [J]．Quarterly Journal of Economics，2016，131（2）：943 – 1005.

[61] David A，Joel M and Venky Venkateswaran. Capital Misallocation：Frictions or Distortions？[R]．NBER Working Paper，2017.

[62] De Backer K，Sleuwaegen L. Does Foreign Direct Investment Crowd Out Domestic Entrepreneurship？ [J]．Review of Industrial Organization，2003，22（1）：67 – 84.

[63] Deininger Klaus，and Gershon Feder. Land Institutions and Land Markets [J]．In Handbook of Agricultural Economics：Agricultural Production，2001（1）：287 – 331.

[64] De Janvry，Alain H. The Role of Land Reform in Economic Development：Policies and Politics [J]．American Journal of Agricultural Economics，1981，63（2）：384 – 392.

[65] De Janvry，Alain，Kyle Emerick，Marco Gonzalez Navarro，and Elisabeth

Sadoulet. Delinking Land Rights from Land Use: Certification and Migration in Mexico [J]. American Economic Review, 2015, 105 (10): 3125 – 3149.

[66] De Mel, Suresh, David McKenzie, and Christopher Woodruff. Returns to Capital in Microenterprises: Evidence from a Field Experiment [J]. Quarterly Journal of Economics, 2008, 123 (4): 1329 – 1372.

[67] De Vries, Gaaitzen J. Productivity in a Distorted Market: The Case of Brazil's Retail Sector [J]. Review of Income and Wealth, 2014, 60 (3): 499 – 524.

[68] D'Erasmo, Pablo N and Hernan J Moscoso Boedo. Financial Structure, Informality and Development [J]. Journal of Monetary Economics, 2012, 59 (3): 286 – 302.

[69] Dias Daniel, Carlos Robalo Marques, and Christine Richmond. Comparing Misallocation between Sectors in Portugal [R]. Banco de Portugal, Economics Research Department Economic Bulletin and Financial Stability Report Article, 2016.

[70] Dias Daniel A, Carlos Robalo Marques, and Christine Richmond. Misallocation and Productivity in the Lead up to the Eurozone Crisis [J]. Journal of Macroeconomics, 2016 (49): 46 – 70.

[71] Eaton Jonathan and Samuel Kortum. Technology, Geography, and Trade [J]. Econometrica, 2002, 70 (5): 1741 – 1779.

[72] Eaton, Jonathan, Samuel Kortum and Francis Kramarz. An Anatomy of International Trade: Evidence from French Firms [J]. Econometrica, 2011, 79 (5): 1453 – 1498.

[73] Edmond Chris, Virgiliu Midrigan and Daniel Yi Xu. Competition, Markups, and the Gains from International Trade [J]. American Economic Review, 2015, 105 (10): 3183 – 3221.

[74] Epifani Paolo and Gino Gancia. Trade, Markup Heterogeneity and Misallocations [J]. Journal of International Economics, 2011, 83 (1): 1 – 13.

[75] Fajgelbaum, Pablo D, Eduardo Morales, Juan Carlos Suárez Serrato, and Owen M. Zidar. State Taxes and Spatial Misallocation [R]. NBER Working Paper, 2015.

［76］ Fernandes K, Ana M. Trade Policy, Trade Volumes, and Plant – level Productivity in Colombian Manufacturing Industries ［J］. Journal of International Economics, 2007, 71 (1): 52 – 71.

［77］ Ferragina A, Mazzotta F. FDI Spillovers on Firm Survival in Italy: Absorptive Capacity Matters! ［J］. Journal Technologic Transfer, 2013, 39 (6): 859 – 897.

［78］ Figueira C, Joseph N, David P. The Effects of Ownership on Bank Efficiency in Latin America ［J］. Applied Economics, 2009 (41): 2353 – 2368.

［79］ Foster Lucia, Haltiwanger, John, Krizan C J. Aggregate Productivity Growth: Lessons from Microeconomic Evidence. In: Hulten, C. R., Dean, E. D., Harper, M. J. (Eds.) ［M］. New Developments in Productivity Analysis. University of Chicago Press, Chicago, 2001.

［80］ Foster Lucia, Haltiwanger John, and Chad Syverson. Reallocation, Firm Turnover, and Efficiency: Selection on Productivity or Profitability? ［J］. American Economic Review, 2008, 98 (1): 394 – 425.

［81］ Fujii Daisuke, and Yoshio Nozawa. Misallocation of Capital During Japan's Lost Two Decades ［R］. Development Bank of Japan Working Paper, 2013.

［82］ Gabler A, Poschke M. Experimentation by Firms, Distortions, and Aggregate Productivity ［J］. Review of Economic Dynamics, 2013, 16 (1): 26 – 38.

［83］ Garcia – Santana Manuel, Josep Pijoan – Mas. The Reservation Laws in India and the Misallocation of Production Factors ［J］. Journal of Monetary Economics, 2014 (66): 193 – 209.

［84］ Garicano Luis, Claire Lelarge, and John Van Reenen. Firm Size Distortions and the Productivity Distribution: Evidence from France ［J］. American Economic Review, 2016, 106 (11): 3439 – 3479.

［85］ Gibson M. Trade Liberalization, Reallocation, and Productivity ［R］. Working Paper, 2006.

［86］ Greene W. Functional Forms for the Negative Binomial Model for Count Data ［J］. Economics Letters, 2008, 99 (3): 585 – 590.

[87] Gollin Douglas, Stephen Parente, and Richard Rogerson. The Role of Agriculture in Development [J]. American Economic Review, 2002, 92 (2): 160 – 164.

[88] Gopinath Gita, Sebnem Kalemli – Ozcan, Loukas Karabarbounis, and Carolina Villegas – Sanchez. Capital Allocation and Productivity in South Europe [R]. NBER Working Paper, 2015.

[89] Gopinath Gita, Sebnem Kalemli – Ozcan, Loukas Karabarbounis and Carolina Villegas – Sanchez. Capital Allocation and Productivity in South Europe [J]. Quarterly Journal of Economics, 2017, 132 (4): 1915 – 1967.

[90] Gormley T A. The Impact of Foreign Bank Entry in Emerging Markets: Evidence from India [J]. Journal of Financial Intermediation, 2010, 19 (1): 26 – 51.

[91] Gorodnichenko Y, Schnitzer M. Financial Constraints and Innovation: Why Poor Countries Dont Catch up [J]. Journal of the European Economic Association, 2013, 11 (5): 1115 – 1152.

[92] Gourio Francois, Nicolas Roys. Size Dependent Regulations, Firm Size Distribution, and Reallocation [J]. Quantitative Economics, 2014, 5 (2): 377 – 416.

[93] Greenwood Jeremy, Juan M Sanchez and Cheng Wang. Quantifying the Impact of Financial Development on Economic Development [J]. Review of Economic Dynamics, 2013, 16 (1): 194 – 215.

[94] Guner Nezih, Gustavo Ventura, and Yi Xu. Macroeconomic Implications of Size Dependent Policies [J]. Review of Economic Dynamics, 2008, 11 (4): 721 – 744.

[95] Hall Robert E, and Charles I Jones. Why Do Some Countries Produce So Much More Output per Worker than Others? [J]. Quarterly Journal of Economics, 1999, 114 (1): 83 – 116.

[96] Hanna H, Lerner J. The Financing of R&D and Innovation [J]. Handbook of The Economics of Innovation, 2010 (1): 609 – 639.

[97] Hanousek J, Kocenda E, Maurel M. Direct and Indirect Effects of FDI in Emerging European Markets: A Survey and Meta – analysis [J]. Economic Systems,

2010，35（3）：301－322.

［98］ Harrison A, Martin L, Nataraj S. Learning Versus Stealing: How Important are Market Share Reallocations to India's Productivity Growth? ［R］. NBER Working Paper, 2011.

［99］ Haroon M, Chaudhry A A. Where do New Firms Locate? The Effects of Agglomeration on the Formation and Scale of Operations of New Firms in Punjab ［R］. Economics Discussion Papers, 2014.

［100］ Heckman G, James J and Carmen Pagés. Introduction, in Law and Employment: Lessons from Latin America and the Caribbean ［M］. Edited by James J. Heckman and Carmen Pagés, University of Chicago Press, 2004.

［101］ Hnatkovska Viktoria, Amartya Lahiri and Sourabh Paul. Castes and Labor Mobility ［J］. American Economic Journal: Applied Economics, 2012, 4（2）：274－307.

［102］ Holmes D, Thomas J and James A. Schmitz Jr. Competition and Productivity: A Review of Evidence ［J］. Annual Review of Economics, 2010, 2（1）：619－642.

［103］ Holmes T, Mc Gratten E R, Prescott E C. Quid Pro Quo: Technology Capital Transfers for Market Access in China ［J］. Review of Economic Studies, 2015, 82（3）：1154－1193.

［104］ Hopenhayn R, Hugo A. Entry, Exit, and Firm Dynamics in Long Run Equilibrium ［J］. Econometrica, 1992, 60（5）：1127－1150.

［105］ Hopenhayn R, Hugo A. Firms, Misallocation, and Aggregate Productivity: A Review ［J］. In Annual Review of Economics, 2014（6）：735－770.

［106］ Hopenhayn R, Hugo A. Firm Size and Development ［J］. Economía, 2016, 17（1）：27－49.

［107］ Hopenhayn R, Hugo A and Richard Rogerson. Job Turnover and Policy Evaluation: A General Equilibrium Analysis ［J］. Journal of Political Economy, 1993, 101（5）：915－938.

［108］ Howell A. Firm R&D, Innovation and Easing Financial Constraints in China: Does Corporate Tax reform Matter? [J] . Research Policy, 2016 (10): 1996 – 2007.

[109] Hsieh Chang – Tai, Erik Hurst, Charles I Jones and Peter J Klenow. The Allocation of Talent and U. S. Economic Growth [R] . NBER Working Paper, 2013.

[110] Hsieh Chang – Tai and Peter J Klenow. Misallocation and Manufacturing TFP in China and India [J] . Quarterly Journal of Economics, 2009, 124 (4): 1403 – 1448.

[111] Hsieh Chang – Tai and Peter J Klenow. The Life Cycle of Plants in India and Mexico [J] . Quarterly Journal of Economics, 2014, 129 (3): 1035 – 1084.

[112] Hsieh Chang – Tai and Enrico Moretti. Why Do Cities Matter? Local Growth and Aggregate Growth [R] . NBER Working Paper, 2015.

[113] Hulten Charles R. Divisia index [M] . The New Palgrave Dictionary of Economics. Second Edition, 2008.

[114] Javorcik B S. Does Foreign Direct Investment Increase the Productivity of Domestic Firms? [J] . American Economic Review, 2004, 94 (3): 605 – 627.

[115] Iacovone D, Rauchb A, Winters G. Trade as an Engine of Creative Destruction: Mexican Experience with Chinese Competition [J] . Journal of International Economics, 2013, 2 (89): 379 – 392.

[116] Jayaratne J, Strahan P. The Finance – growth Nexus: Evidence from Bank Branch Deregulation [J] . Quarterly Journal of Economics, 1996, 111 (4): 639 – 670.

[117] Jones, Charles I. Misallocation, Input – Output Economics, and Economic Growth [M] . In Advances in Economics and Econometrics: Tenth World Congress. Volume II: Applied Economics, edited by Daron Acemoglu, Manuel Arellano, and Eddie Dekel, Cambridge University Press, 2013.

[118] Jones Charles I. The Facts of Economic Growth [M] . In Handbook of Macroeconomics. Volume 2, edited by John B. Taylor and Harald Uhlig, 2016.

[119] Jones Charles I. Intermediate Goods and Weak Links in the Theory of Economic Development [J] . American Economic Journal: Macroeconomics, 2011,

(3)：1 – 28.

[120] Jones Charles I. Misallocation, Economic Growth, and Input – Output Economics [R] . NBER Working Paper, 2011.

[121] Kehoe Timothy, Pau S Pujolàs, and Jack Rossbach. Quantitative Trade Models: Developments and Challenges [J] . Annual Reviews of Economics, 2016 (10)：93 – 124.

[122] Kerr W, Nanda R. Democratizing Entry: Banking Deregulations, Financing Constraints, and Entrepreneurship [J] . Journal of Financial Economics, 2009 (94)：124 – 149.

[123] Khandelwal, Amit K, Peter K Schott and Shang – Jin Wei. Trade Liberalization and Embedded Institutional Reform: Evidence from Chinese Exporters [J] . American Economic Review, 2013, 103 (6)：2169 – 2195.

[124] Kim D H, Suen Y, Lin S. Carbon Dioxide Emissions and Trade: Evidence from Disaggregate Trade Data [J] . Energy Economics, 2019, 78 (2)：13 – 28.

[125] Klenow Peter J and Andres Rodriguez Clare. The Neoclassical Revival in Growth Economics: Has It Gone Too Far? [M] . In NBER Macroeconomics Annual. edited by Ben S. Bernanke and Julio J. Rotemberg, 1997：73 – 103.

[126] Koenker R, Bassett G. Regression Quantiles [J] . Econometrica, 1978 (46)：33 – 50.

[127] Kogan L D, Papanikolaou A Seru and Stoffman N. Technological Innovation, Resource Allocation and Growth [J] . Quarterly Journal of Economics, 2017, 74 (5)：665 – 712.

[128] König M, Song Z M, Storesletten K, Zilibott F. From Imitation to Innovation: Where is all That Chinese R&D Going? [R] . Working Papers, 2016.

[129] Kosov' a R. Do Foreign Firms Crowd Out Domestic Firms? The Evidence from the Czech Republic [J] . The Review of Economics and Statistics, 2010, 67 (1)：12 – 39.

[130] Kwon H U, Narita F. Resource Reallocation and Zombie Lending in Japan's 1990s [R] . Working Papers, 2009.

［131］ La Porta, Rafael and Andrei Shleifer. Informality and Development ［J］. Journal of Economic Perspectives, 2014, 28 （3）: 109 – 126.

［132］ Lai T, Qian Z, Wang L. WTO Accession, Foreign Bank Entry, and the Productivity of Chinese Manufacturing Firms ［J］. Journal of Comparative Economics, 2016 （44）: 326 – 342.

［133］ Larrain M and Stumpner S. Capital Account Liberalization and Aggregate Productivity: The Role of Firm Capital Allocation ［J］. Journal of Finance, 2017, 72 （4）: 1825 – 1857.

［134］ Lagos, Ricardo. A Model of TFP ［J］. Review of Economic Studies, 2006, 73 （4）: 983 – 1007.

［135］ Larrain M, Stumpner S. Capital Account Liberalization and Aggregate Productivity: The Role of Firm Capital Allocation ［J］. Journal of Finance, 2017, 72 （4）: 1825 – 1857.

［136］ Leal Ordóñez, Julio Cesar. Tax Collection, the Informal Sector, and Productivity ［J］. Review of Economic Dynamics, 2014, 17 （2）: 262 – 286.

［137］ Leon F. Bank Competition and Credit Constraints in Developing Countries: New Evidence ［J］. Journal of Banking & Finance, 2015, 57 （1）: 130 – 142.

［138］ Levine Ross. Financial Development and Economic Growth: Views and Agenda ［J］. Journal of Economic Literature, 1997, 35 （2）: 688 – 726.

［139］ Levinsohn J, Petrin A. When Industries Become More Productive, Do Firms? Investigating Productivity Dynamics ［R］. NBER Working Paper, 1999.

［140］ Lewis W A. Economic Development with Unlimited Supplies of Labour ［J］. Manchester School of Economic and Social Studies, 1954 （22）: 139 – 191.

［141］ Li H C, Lee W C, Ko B T. What Determines Misallocation in Innovation? A Study of Regional Innovation in China ［J］. Journal of Macroeconomics, 2017, 52 （5）: 221 – 237.

［142］ Li Yuhua, Konari U, Xu Tongsheng, Wu Zhaoyang. The Impact of Foreign Entry on Chinese Banks ［J］. Review of Development Economics, 2016, 20 （1）: 74 – 86.

［143］ Markusen J, Venables A. Foreign Direct Investment as a Catalyst for Industrial Development ［J］. European Economic Review, 1999, 43 （2）: 335 – 356.

［144］ Mayer Thierry, Melitz Marc, and Gianmacro I P Ottaviano. Product Mix and Firm Productivity Responses to Trade Competition ［R］. NBER Working Paper, 2016.

［145］ Melitz Marc J. The Impact of Trade on Intra – industry Reallocations and Aggregate Industry Productivity ［J］. Econometrica, 2003, 71 （6）: 1695 – 1725.

［146］ Melitz Marc J, Polanec S. Dynamic Olley – Pakes Productivity Decomposition with Entry and Exit ［J］. The Rand journal of Economics, 2015, 46 （2）: 362 – 375.

［147］ Melitz Marc J, and Stephen Redding. Heterogeneous Firms and Trade ［M］. In Handbook of International Economics, Vol. 4, Edited by Gita Gopinath, Elhanan Helpman, and Ken Rogoff, 2014: 1 – 54.

［148］ Melitz, Marc J, Ottaviano G. Market Size, Trade, and Productivity ［J］. Review of Economic Studies, 2008, 75 （1）: 295 – 316.

［149］ Midrigan Virgiliu and Daniel Yi Xu. Finance and Misallocation: Evidence from PlantLevel Data ［J］. American Economic Review, 2014, 104 （2）: 422 – 458.

［150］ Moll G, Benjamin D. Productivity Losses from Financial Frictions: Can Self – Financing Undo Capital Misallocation? ［J］. American Economic Review, 2014, 104 （10）: 3186 – 3221.

［151］ Munshi Kaivan and Mark Rosenzweig. Networks and Misallocation: Insurance, Migration, and the Rural – Urban Wage Gap ［J］. American Economic Review, 2016, 106 （1）: 46 – 98.

［152］ Oberfield G, Ezra N. Productivity and Misallocation during a Crisis: Evidence from the Chilean Crisis of 1982 ［J］. Review of Economic Dynamics, 2013, 16 （1）: 100 – 119.

［153］ Olley G Steven and Ariel Pakes. The Dynamics of Productivity in the Telecommunications Equipment Industry [J]. Econometrica, 1996, 64 (6): 1263 – 1297.

[154] Osotimehin G. Aggregate Productivity and the Allocation of Resources Over the Business Cycle [R]. Job Market Paper, 2011.

[155] Pavcnik M, Nina D. Trade Liberalization, Exit, and Productivity Improvement: Evidence from Chilean Plants [J]. Review of Economic Studies, 2002, 69 (1): 245 – 276.

[156] Petrin A, White J, Reiter P. The Impact of Plant – level Resource Reallocations and Technical Progress on U. S. Macroeconomic Growth [J]. Review of Economic Dynamics, 2011, 14 (2): 3 – 26.

[157] Petrin A, Levinsohn J. Measuring Aggregate Productivity Growth Using Plant – level Data [J]. The RAND Journal of Economics, 2012, 43 (4): 705 – 725.

[158] Poncet S W, Steingress H, Vandenbussche. Financial Constraints in China Firm – Level Evidence [J]. China Economic Review, 2010, 10 (3): 411 – 422.

[159] Powell D. Quantile Regression with Nonadditive Fixed Effects [M]. Mimeo, RAND Corporation, 2016.

[160] Powell D, Wagner J. The Exporter Productivity Premium Along the Productivity Distribution: Evidence from Quantile Regression with Nonadditive Firm Fixed Effects [J]. Review of World Economics, 2014 (150): 763 – 785.

[161] Prescott M, Edward C. Needed: A Theory of Total Factor Productivity [J]. International Economic Review, 1998, 39 (3): 525 – 551.

[162] Rajan R G, Zingales L. Financial Dependence and Growth [J]. The American Economic Review, 1998, 88 (3): 559 – 586.

[163] Rauch H, James E. Modelling the Informal Sector Formally [J]. Journal of Development Economics, 1991, 35 (1): 33 – 47.

[164] Reis D, Ricardo R. The Portuguese Slump and Crash and the Euro Crisis [J]. Brookings Papers on Economic Activity, 2013, 46 (1): 143 – 193.

［165］ Restuccia Diego, Rogerson R. Misallocation and Productivity ［J］. Review of Economic Dynamics, 2013, 16（1）: 1 – 10.

［166］ Restuccia Diego. The Latin American Development Problem: An Interpretation ［J］. Economia: Journal of the Latin American and Caribbean Economic Association, 2013, 13（2）: 69 – 100.

［167］ Restuccia Diego, Dennis Tao Yang and Xiaodong Zhu. Agriculture and Aggregate Productivity: A Quantitative Cross – Country Analysis ［J］. Journal of Monetary Economics, 2008, 55（2）: 234 – 250.

［168］ Restuccia Diego and Richard Rogerson. Policy Distortions and Aggregate Productivity with Heterogeneous Establishments ［J］. Review of Economic Dynamics, 2008, 11（4）: 707 – 720.

［169］ Restuccia Diego, and Raul Santaeulalia – Llopis. Land Misallocation and Productivity ［R］. NBER Working Paper, 2017.

［170］ Restuccia Diego, Rogerson R. The Causes and Costs of Misallocation ［J］. Journal of Economic Perspectives, 2017, 31（3）: 151 – 174.

［171］ Robert M Ryana, Conor Fergal McCann. Does Bank Market Power Affect SME Financing Constraints? ［J］. Journal of Banking & Finance, 2014（49）: 495 – 505.

［172］ Rubini Loris. Innovation and the Trade Elasticity ［J］. Journal of Monetary Economics, 2014, 66（2）: 32 – 46.

［173］ Sandleris Guido, Mark L J, Wright L. The Costs of Financial Crises: Resource Misallocation, Productivity, and Welfare in the 2001 Argentine Crisis ［J］. Scandinavian Journal of Economics, 2014, 116（1）: 87 – 127.

［174］ Song Zheng, Kjetil Storesletten, and Fabrizio Zilibotti. Growing Like China ［J］. American Economic Review, 2011, 101（1）: 196 – 233.

［175］ Syverson Chad. What Determines Productivity? ［J］. Journal of Economic Literature, 2011, 49（2）: 326 – 365.

［176］ Tan Y, Huang Y, Woo W T. Zombie Firms and the Crowding – Out of Private Investment in China ［J］. Asian Economic Papers, 2016（10）: 32 – 55.

[177] Tombe Trevor. The Missing Food Problem: Trade, Agriculture, and International Productivity Differences [J]. American Economic Journal: Macroeconomics, 2015, 7 (3): 226 - 258.

[178] Tombe Trevor and Zhu Xiaodong. Trade, Migration and Productivity: A Quantitative Analysis of China [R]. University of Toronto Department of Economics Working Paper, 2015.

[179] Topalova Petia and Amit Khandelwal. Trade Liberalization and Firm Productivity: The Case of India [J]. Review of Economics and Statistics, 2011, 93 (3): 995 - 1009.

[180] Trefler Daniel. The Long and Short of the Canada - U. S. Free Trade Agreement [J]. American Economic Review, 2004, 94 (4): 870 - 895.

[181] Tybout J. Plant - and Firm - level Evidence on the New Trade Theories [M]. In: Choi, E. K., Harrigan, J. (Eds.), Handbook of International Trade. Basil - Blackwell, Oxford, 2003.

[182] Waugh H, Michael E. International Trade and Income Differences [J]. American Economic Review, 2010, 100 (5): 2093 - 2124.

[183] Wei S J, Xie Z, Zhang X. From "Made in China" to Innovated in China: Necessity, Prospect, and Challenges [J]. The Journal of Economic Perspectives, 2017, 31 (1): 49 - 70.

[184] Wu G L. Capital Misallocation in China: Financial Frictions or Policy Distortions [J]. Journal of Development Economics, 2018 (130): 203 - 223.

[185] Xu Y. Towards a More Accurate Measure of Foreign Bank Entry and its Impact on Domestic Banking Performance: The case of China [J]. Journal of Banking & Finance, 2011, 35 (4): 886 - 901.

[186] Ziebarth Nicolas L. Are China and India Backward? Evidence from the 19th Century U. S. Census of Manufactures [J]. Review of Economic Dynamics, 2013, 16 (1): 86 - 99.

[187] Ziebarth Nicolas L. The Great Depression through the Eyes of the Census of Manufactures [J]. Historical Methods: A Journal of Quantitative and Interdisciplinary

History, 2015, 48 (4): 185 - 194.

［188］Zhou Y, He C, Zhu S. Does Creative Destruction Work for Chinese Regions? ［J］. Growth and Change, 2017, 48 (3): 274 - 296.

［189］白俊, 孟庆玺, 申艳艳. 外资银行进入促进了本土企业创新吗? ［J］. 会计研究, 2018 (11): 50 - 55.

［190］白俊红, 卞远超. 要素市场扭曲与中国创新生产的效率损失 ［J］. 中国工业经济, 2016 (11): 39 - 55.

［191］戴魁早, 刘友金. 要素市场扭曲与创新效率——对中国高技术产业发展的经验分析 ［J］. 经济研究, 2016 (7): 67 - 82.

［192］戴魁早, 刘友金. 要素市场扭曲的研发效应及企业差异 ［J］. 科学学研究, 2015 (11): 1660 - 1668.

［193］戴魁早, 刘友金. 要素市场扭曲如何影响创新绩效 ［J］. 世界经济, 2016 (11): 54 - 79.

［194］戴魁早, 刘友金. 要素市场扭曲、区域差异和 R&D 投入——来自中国高技术产业与门槛模型的经验证据 ［J］. 数量经济技术经济研究, 2015 (9): 3 - 19.

［195］邓可斌, 丁重. 中国为什么缺乏创造性破坏? ——基于上市公司特质信息的经验证据 ［J］. 经济研究, 2010 (6): 66 - 79.

［196］樊纲, 王小鲁, 朱恒鹏. 中国市场化指数: 各地区市场化相对进程 2011 年报告 ［M］. 北京: 经济科学出版社, 2012.

［197］樊纲, 王小鲁, 朱恒鹏. 中国市场化指数: 各地区市场化相对进程报告 ［M］. 北京: 经济科学出版社, 2010.

［198］樊海潮, 李瑶, 郭光远. 信贷约束对生产率与出口价格关系的影响 ［J］. 世界经济, 2015 (12): 79 - 107.

［199］韩剑, 严兵. 中国企业为什么缺乏创造性破坏——基于融资约束的解释 ［J］. 南开管理评论, 2013 (4): 124 - 132.

［200］韩剑, 郑秋玲. 政府干预如何导致地区资源错配——基于行业内和行业间错配的分解 ［J］. 中国工业经济, 2014 (11): 69 - 81.

［201］简泽, 谭利萍, 吕大国, 符通. 市场竞争的创造性、破坏性与技术升

级［J］．中国工业经济，2017（5）：16－34．

［202］简泽．市场扭曲、跨企业的资源配置与制造业部门的生产率［J］．中国工业经济，2011（1）：58－68．

［203］赖永剑，伍海军．企业间要素重配能够提升中国制造业的生产率吗？［J］．产业经济研究，2013（8）：60－69．

［204］赖永剑，贺祥民．制度质量改善有利于削减地区 R&D 资源错置吗？——基于空间动态面板数据模型［J］．科技管理研究，2018（23）：26－32．

［205］李平，简泽，江飞涛．进入退出、竞争与中国工业部门的生产率［J］．数量经济与技术经济研究，2012（9）：3－21．

［206］李平，李淑云，杨俊．要素错配、企业存续与全要素生产率［J］．南开经济研究，2018（5）：155－175．

［207］李平，季永宝．要素价格扭曲是否抑制了我国自主创新［J］．世界经济研究，2014（1）：10－15．

［208］李波，赵鑫铖，李艳芳．贸易便利化、产业集聚与地区产业增长［J］．财贸研究，2017（6）：1－16．

［209］李健，盘宇章．要素市场扭曲和中国创新能力——基于中国省级面板数据分析［J］．中央财经大学学报，2018（3）：87－99．

［210］李小平，朱钟棣．国际贸易、R&D 溢出和生产率增长［J］．经济研究，2006（2）：31－43．

［211］李玉红，王皓，郑玉歆．企业演化：中国工业生产率增长的重要途径［J］．经济研究，2008（6）：12－24．

［212］林伯强，杜克锐．要素市场扭曲对能源效率的影响［J］．经济研究，2013（9）：125－136．

［213］刘盛宇，尹恒．资本调整成本及其对资本错配的影响：基于生产率波动的分析［J］．中国工业经济，2018（3）：24－43．

［214］罗德明，李晔，史晋川．要素市场扭曲、资源错置与生产率［J］．经济研究，2012（3）：4－14．

［215］毛其淋，许家云．中间品贸易自由化、制度环境与生产率演化［J］．世界经济，2015（9）：80－106．

[216] 毛其淋. 要素市场扭曲与中国工业企业生产率 [J]. 金融研究，2013 (2)：156 – 169.

[217] 茅锐. 产业集聚和企业的融资约束 [J]. 管理世界，2015 (2)：58 – 71.

[218] 聂辉华，贾瑞雪. 中国制造业企业生产率与资源误置 [J]. 世界经济，2011 (7)：27 – 42.

[219] 钱学锋，毛海涛，徐小聪. 中国贸易利益评估的新框架：基于双重偏向型政策引致的资源误置视角 [J]. 中国社会科学，2016 (12)：83 – 106.

[220] 钱学锋，王菊蓉，黄云湖，王胜. 出口与中国工业企业的生产率 [J]. 数量经济技术经济研究，2011 (2)：37 – 51.

[221] 钱学锋，李赛赛. 进口的工资溢出：边际分解与作用渠道 [J]. 中南财经政法大学学报，2013 (3)：42 – 50.

[222] 邵宜航，李泽扬. 空间集聚、企业动态与经济增长：基于中国制造业的分析 [J]. 中国工业经济，2017 (2)：5 – 23.

[223] 盛丹，王永进. 市场化、技术复杂度与中国省区的产业增长 [J]. 世界经济，2011 (6)：26 – 47.

[224] 盛丹，王永进. 产业集聚、信贷资源配置效率与企业的融资成本 [J]. 管理世界，2013 (6)：85 – 98.

[225] 宋马林，金培振. 地方保护、资源错配与环境福利绩效 [J]. 经济研究，2016 (12)：47 – 61.

[226] 谭语嫣，谭之博，黄益平，胡永泰. 僵尸企业的投资挤出效应：基于中国工业企业的证据 [J]. 经济研究，2017 (5)：175 – 188.

[227] 王小鲁，樊纲，余静文. 中国分省份市场化指数报告 (2016) [M]. 北京：社会科学文献出版社，2017.

[228] 王芃，武英涛. 能源产业市场扭曲与全要素生产率 [J]. 经济研究，2014 (6)：142 – 155.

[229] 吴延兵. 中国哪种所有制类型企业最具创新性 [J]. 世界经济，2012 (6)：3 – 29.

[230] 吴晗，贾润崧. 银行业如何支持实体经济的供给侧改革？[J]. 财经

研究，2016（12）：108－118.

［231］许和连，亓朋，李海峥．外商直接投资、劳动力市场与工资溢出效应［J］．管理世界，2009（9）：53－68.

［232］许和连，魏颖绮，赖明勇，王晨刚．外商直接投资的后向链接溢出效应研究［J］．管理世界，2007（4）：24－31.

［233］谢建国，周露昭．进口贸易、吸收能力与国际 R&D 技术溢出：中国省区面板数据的研究［J］．世界经济，2009（9）：68－81.

［234］杨骞，刘华军．中国烟草产业行政垄断及其绩效的实证研究［J］．中国工业经济，2009（4）：51－61.

［235］鄢萍．资本误配置的影响因素初探［J］．经济学（季刊），2012（1）：489－520.

［236］姚耀军．制度质量对外资银行进入的影响——基于腐败控制维度的研究［J］．金融研究，2016（3）：124－139.

［237］姚耀军，吴文倩，王玲丽．外资银行是缓解中国企业融资约束的"白衣骑士"吗？［J］．财经研究，2015（10）：58－68.

［238］余超，杨云红．银行竞争、所有制歧视和企业生产率改善［J］．经济科学，2016（2）：81－92.

［239］张天华，张少华．中国工业企业实际资本存量估计与分析［J］．产业经济研究，2016（2）：1－10.

［240］张杰，周晓艳，李勇．要素市场扭曲抑制了中国企业 R&D？［J］．经济研究，2011（8）：78－91.

［241］张杰，周晓艳，郑文平，芦哲．要素市场扭曲是否激发了中国企业出口［J］．世界经济，2011（8）：134－160.

［242］张杰，郑文平，新夫．中国的银行管制放松、结构性竞争和企业创新［J］．中国工业经济，2017（10）：118－136.

［243］周茂，陆毅，符大海．贸易自由化与中国产业升级：事实与机制［J］．世界经济，2016（10）：78－102.

［244］诸竹君，黄先海，余骁．金融业开放与中国制造业竞争力提升［J］．数量经济与技术经济研究，2018（3）：114－130.